金森隆志の岸釣りQ&A50

ルアマガbooks

内外出版社

カバーデザイン　四方田努（サカナステュディオ）
本文デザイン・DTP　サカナステュディオ
カバー写真　土屋幸一

はじめに

おはようございます！　こんにちは！　こんばんは！というわけで（笑）、この書籍は、ルアマガモバイルで2013年から始まり現在も大好評連載中（毎週月曜更新）の『JUKEBOX』から選りすぐった50の質問と、その回答集です。

すべての質問が釣り人の生の声なので、リアルな悩みですよね。こんなところが気になるのか！　とか、ついそう考えちゃうんだよね～！　とか、回答することで新しい発見や懐かしい感覚なども蘇ってきて、僕自身のアップデートにもなっています。

ただし、ありきたりな回答は質問をくれたみんなも期待してないと思うので、そこはバッチリ(笑)。僕の個性と質問者の個性のぶつかり合いというか、フォーマットではないもの。それと忘れちゃいけないオカッパリ目線。ボートとは違う、カナモリタカシならではのアングルを心掛けています。キャラクター的に誤解される表現も多々あるかもしれませんが、すべて真剣に考えた回答ですのでご了承を。

みなさまのよりよいバス釣りライフのお役に立てれば光栄です。

金森隆志

金森隆志の岸釣りQ&A50

目次

CHECK!

Q&Aはルアマガモバイルで
毎週更新中！

第1章

岸釣りの基本&応用編

バス釣りに絶対不可欠な基本事項、キャスト、アクション、ファイトなどに関する質問と、バスを釣る上で知っておいてほしいことについての質問に回答しています。やっぱりなにごともベースが重要。自称中級、上級者のみなさんもぜひ読んで確認してみてください！

Q.1

アプローチ

釣り人とバスの距離感

バス釣りを楽しむうえで大事なのは、狙うバスとの距離感という人が多いような気がします。金森さんが考える、陸っぱり、ボートそれぞれのバスとの〝間合い〟について教えてください。

A.1

「ルアーのパフォーマンスが最大限に発揮できる距離こそが間合いです」。

テクニカルかつ重要な良い質問ですね。まずは〝間合い〟ってなんでしょう？　たとえば釣りではなくて思い浮かぶのは、ケンカや果たし合いなどにおける相手との距離のこと。ジャンルこそ違っていても共通しますが、文字通り単なる距離感のことだと捉えていると大きなミスです。

では、本当の間合いとはなにか？　自分がアプローチしようとするルアー。具体的にはなんでもいいんですが、そのルアーのパフォーマンスが最大限に発揮できる距離こそが間合いです。つまり、**自分が持っている武器の長所を生かすための距離ですよね。**バスから見えるとか見えないとかいう距離は本当の意味での間合いではありません。このルアー、このリグでこの距離だと精度が出ないよね。だから間合いを詰めよう。もちろんバスには気付かれないうえで、最もルアーが活かせる距離、角度はここだよねと言うのが正しい考え方、使い方です。間合いとは、ルアーやリグの特性を理解して、そこからベストな距離と角度を取ることです。

例えばダウンショット。遠浅のシャローの遠方にバスがいる場合の間合いはどうでしょう？

正解は、バスに近づかない限り間合いは発生しません。間合いはゼロで、使っても意味がない。このままではバスが圧倒的に有利でダウンショットを使うアナタに勝ち目はありません。それでも投げてしまうのであれば、ダウンショットの特性をまったく理解していないことになります。

我ながら名回答ですが（笑）、つまるところルアーやリグの特性を知らないと正解の間合いはどう頑張っても一切理解することはできません。

ただし、間合いの意味を正確に理解した上で、間合いを気にすることによって、逆にルアーやリグの本当の特性を導ける可能性は高くなります。

こうしたものの見方をしていけば、格段に釣りは上手になります。理解力も飛躍的にアップします。実はこれこそが、釣り人の〝できる・できない〟の線引きになる要素です。

自分もそういう意味ではすべての間合いを理解しているわけではありません。ひとつひとつのルアー、リグの間合いをもっともっと理解できるように考えている釣り人のひとりなので、一緒に頑張っていきましょう！

Q.2

キャスト

キャスト上手になるには

カナモさんファンの者です。昔からキャスティングの上手さに惚れ惚れしております。自分のよく行くフィールドは野池。オカッパリとなるとキャスティングが重要だと思うんですが、なかなか思い通りにいかず釣果に反映されません。ルアーロストもです…。まずは練習ということもわかっているんですが、キャスティングの際に心がけていることはありますか？

A.2

「コツは三つ。手首、フィンガー、ロッドの特徴に合わせること」。

キャスティングの悩みというのは、ほとんどのアングラーがひっかかるところです。もっとうまくなりたい。これは今でもそう思っています。というのも、自分よりもキャストがうまい人はたくさんいます。

例えばミスターキャスティングと言えば、着水音すら感じさせない並木敏成さん。

接近戦でのカバー撃ちといえば川村光大郎さん。

一方では青木大介。いつの間にか、右でも左でも投げられるようになっていて、しかも精度は同じ。

カナモリタカシといえば、ロングキャストという評価をいただいていますが、こういった自分に足りないキャストテクニックを持っている人たちを見ると、『う～オレももっとうまくなりてぇな～』という気持ちになります。

それほど、キャストへの向上心は不可欠。もちろんうまい人でも完璧ではなく、いくらでもブラッシュアップできる、終着点がないスキルだと思います。

そんな中で、オーバーハンド、サイドハンド、ピッチングなどなど、あらゆるキャストフォームで重要なのは、手首です。


スナップをキチンと使えているかどうか。


これはキャストが上手と言われているアングラーを見ても全員に当てはまります。

手首のスナップをキチンと使うことによってロッドの特徴を生かしている、いわゆる〝手投げ〟というスナップが利いていないキャストだと、精度も距離もグンと落ちてしまいます。それほど手首のスナップは重要な第一の注意事項です。

そして、第二の注意事項はフィンガーです。

どういったフィンガーで投げるか。フィンガーと言うのはグリップのトリガーにかける指の本数のことですが、１本、２本、３本？　みなさんもキャストのときを思い出してください。

これはズバリ、固定ではなくキャストによって変えるのが正解です。

飛距離よりも精度が求められるピッチング、フリッピング、軽めのサイドハンドなどでは、１本、ワンフィンガーが圧倒的にいいです。ワンフィンガーは手首が固定されないので自由度が高い。グリップエンドが腕のアウトでもインでもクイックに変えることができて、精度の高いキャストが決まりやすくなります。

次は中距離。サイドハンドがメインですが、サークルハンド、もしくはバックハンドといったキャストでは、手首の自由度とパワーの兼ね合いがいいツーフィンガー。距離を出すためのパワーを、ワンフィンガーでは支えきれずブレが生じてしまいますが、そのブレを抑えつつ、精度のバランスもいいのがツーフィンガーです。

最後は遠投。これは手首の自由度があるとかえって飛ばしにくくなるので、手首を固定しつつロッドを振り切れるスリーフィンガー。とはいえ、最初に言った手投げとはまったく違いますのでご注意を。

このように、フィンガーひとつでもキャストは変わってきます。おそらくほとんどのアングラーは固定ではないでしょうか。なかでもツーフィンガーは距離と精度のどちらにも振れるので、使い分けは難しいよという人にはおすすめです。著名なアングラーの動画を見るときにはその辺に注目しても面白いでしょう。

全部言いだすとキリがないのと、文章では限界があるので最後にひとつだけ（笑）。

ステップアップしつつの第三の注意事項は、自分の使っているロッドの特徴を理解すること。

例えば先調子でキンキン系のロッドであれば、オーバースイングではなく、コンパクトなクイックモーションが必要になってきます。

レギュラーもしくはスローないわゆる懐の広い、よく曲がる、しなる、たわむロッドであれば、逆にクイックではなく、よいしょっと投げるオーバースイングのほうが適しています。

余談ですが、根っからキャストが上手な人は、いきなり他の人のロッドを使ったときにもキチンとアジャストできます。そんなわけで、友達と釣りに行ったときにロッドを交換してみると、自分のキャストのクセやロッドの特徴もわかったりするので、試してみるのもスキルアップに役立つでしょう。

キャストは実に難関かつ重要事項なので、とりあえずは**手首、フィンガー、ロッドの特徴に合わせる**という、この三項目を押さえてステップアップを目指してください。

Q.3

着水音

着水音の利点と活用法

ノーシンカーのバギークローを多用しているのですが、着水音が気になって仕方ないです。対岸にキャストしたときに、特に気になります。着水音がすべてマイナスになるとは思ってませんが、金森師匠的着水音の捉え方、着水音のコントロールの仕方を教えてください。

A.3

「状況によって着水音は必要だったり不要だったりすることがあります」。

いつの間に師匠になったんでしょうか！　弟子は取っていません！（笑）ということは置いておき、まずは着水音について考えましょう。

着水音がマイナスになるのは、そのフィールド全体がハイプレッシャーかどうかよりも、着水地点がシャローかどうかの問題です。何もないシャローフラットやカバーがそこにしかないシャローで着水音が大きいとバスはビビります。つまり音はダメ。

逆に対岸のバンクに傾斜があってある程度深いとか、ベジテーションが多いとか、流れがあるとか、音を立てることで気付かせる、逆に言えば無音だと気付きにくい場所であれば、無理に音を抑える必要はなくて、むしろ音を立てないとダメなこともあります。

さらに限定すると、そこがフィーディングスポットであれば無条件で音はあった方がいいと思います。こんなふうに、**状況によって着水音は必要だったり不要だったりする**ことがあるというのをまずは頭に入れてください。

そして、音がNGの状況で、質問にあるバギークローを使う場合ですが、高比重系のバックスライドワームには2種類あります。ひとつはバギークローやファットイカのようにボディ形状が丸い物。これらのワームは、着水音はある程度どうしても出てしまいます。着水を抑えたいのであれば偏平のワーム、ボムスライドやパワーグライダーのようなボディシェイプのワームを選んでください。

とはいえ結局のところ、質問からだと詳細はよくわかりませんが、おそらくフルキャストして対岸を撃つのであれば、ボディが丸かろうが偏平だろうが、着水音は正直どんなタイプでも出ます。それでもある程度着水音を抑えられるのが偏平なワームという認識ですね。じゃあ偏平のワームを使えばいいのかというと、絶対ではありません。それよりも着水音に関して言えば、簡単に工夫ができます。

もし対岸に届くのであれば、一度バンクに乗せてください。これはバックスライド系に限らず、着水音にシビアな状況であれば基本ですが、一度バンクに乗せて落とすこと。そしてバックスライドであれば、着水直後に少し手前に引っ張ってからバックスライドさせましょう。

ただし、攻めたいスポットが対岸よりも手前にオーバーハングがあって、そこに落としてスライドさせたいとなれば、フルキャストで撃つしかないですよね。まぁマンガのような話をすれば、ハングの枝にひっかけて落とせばいいよとなりますが、バンクに落とすのと同じように語ることは不可能です。それをキャストごとに決められるなら、ここに質問してくる必要はないでしょう。

なので、**基本的には低弾道で送り込みます。**遠投をしようとすればフライになりがちですが、ではそれをどうやって抑えるか。個人的にやっているのはパワースピン。強めのスピニングに2号のPEラインをセットして、より低い弾道で遠くに飛ばしています。ベイトで太いラインで無理に飛ばそうとするからフライになって着水音が大きくなります。こうなるとボディの形状は着水音に対しては無関係です。ただし、どちらがより飛ぶかとなると…丸型ですね。

オカッパリでより遠くの対岸を撃つなら丸型の方が有利になるので、それを活用しようとなるとPEを使ったミディアムライトクラスのスピニング。グラディエーターで言えばナビゲーター(G-71MLS)ですが、こうしたタックルを使うことでより飛距離が出ます。遠くてもPEだからフッキングは決まるし、多少のカバーやベジテーションでも2号以上あればファイトもできると思います。

以上のように、着水音が気になると言うのであればケースバイケースですが、対岸に乗せるかPEのスピニングを使うかという選択肢になるでしょう。

Q.4

ボトムサーチ

軽いシンカーで
ボトムを探りたい

ボトムを感知するのがどうしても苦手です。軽いシンカーだと分かりません。何か良い方法はありますか？

A.4

「まずはネコリグから始めましょう」。

この質問を読んで、僕も釣りを始めてしばらくはベイトタックルで強い釣りをしていたのを思い出しました。そんな釣りを経てライトな釣りをやってみても、どーにもつかめない。

ボトムに着いてる？　動いてる？とか（笑）。

こうした時には大きく分けてふたつの対処法があります。

ひとつはボトムを取るという行為のプライオリティを高くします。そのために、重いシンカーを使ってボトムを取る感覚を身に着けましょう。ボトムに着く、動かす、感じる。

中途半端な重さではなく、**確実に感じられる重さから始めて、徐々に軽くしていく。**これがひとつの方法です。
もうひとつは、軽いウエイトを使ってボトムを取る練習をすること。結果は同じですが、アプローチとしては真逆です。前者は最初が楽ですが、後者は最初が苦しい。まぁどっちも苦しいんですけどね（笑）。夏休みの宿題と同じです（笑）。
軽いウエイトから始めますが、ここはリグとタックルのセレクトから入ります。ここが最大のキモ。
では、ウエイトが軽くてもボトムを感じられるリグはなんでしょうか？
5秒で考えてください。

5…

4…

3…

2…

1…

ハイ、回答はネコリグです。
理由としては、重心が偏っているので軽くても使いやすいから。ネイルシンカーが入った側からすみやかにフォールします。同じウエイトでも早い。さらに動かした時にも手元に伝わりやすい。
しかし、これだけではありません。

タックルに目を向けましょう。例えば0・9グラムシンカーでネコリグをやると、さすがに分かりにくい。なので、遠投をせずある程度の距離感であれば、6フィート3インチ前後のライトクラスのロッドを選びましょう。できればウルトラライトの方が曲がるし、ティップも入りやすいのでボトムを感知しやすいですね。

次にラインですが、細めをチョイス。6ポンド、8ポンドでは太くて何をやっているか分かりません。軽いのであれば細くする。具体的には4ポンド程度がベターではないでしょうか。

そしてワームですが、細ければワームの自重が軽いのでこれもまた分かりにくい。ある程度の太さを持ったストレートワームを使いましょう。例えばドライブクローラー。気持ち太めで、ソルトが入っていて比重も高いので分かりやすくなります。それでも分からないのであれば、ファットウィップの5インチがおすすめです。

このように、タックルとワームに着目してやってみれば、軽いウエイトでも、最初こそ分からなくても1時間もやっていれば徐々になじんでくるはずです。

釣りというのは、野球選手やサッカー選手のように、生まれついてのポテンシャルの差はほぼありません。多少の差はありますが、覚え方が適切ならばすぐに身に着くと思います。苦手な釣りがある人は、入り口を間違えていることが多いので、食わず嫌いをせずにぜひトライしてくれればと思います。

Q.5

ズル引き

マッチルアーと
コツ

ルアマガ2017年4月号でカナモさんと川村さん、青木さんとの対談に出ていた「ズル引き」と「止める」について質問です！　近所の小規模河川（水質はほぼクリア）で釣り人が多く、バスがラインを嫌うようになり、自分的に考え、スプリットショットとライトキャロにたどり着き（流れがあり高比重ノーシンカーではボトムを取れないか、転がります）、5～30センチ、ズル引いて30秒～5分止めるという方法を実践しています。金森さんがズル引きの釣りをする時、ズル引く幅や止める時間、カレントの使い方など気を付けていることはありますか？

A.5

「シンカーとワームの関係性をきっちり理解しましょう」。

それだけ自分なりに考えて実行しているなら大丈夫だと思いますよ（笑）。

なんて、まぁまぁズル引きはもちろんノーシンカーだけではなく、スプリットショットやライトキャロ、テキサスなどなど、リグは何でもいいんですが、一番重要なことは、「流れ」という言葉が質問にもありましたが、野池、フラットレイクなどの止水に近いコンディションであれば、ウエイトをオフにする、つまりノーシンカーに近づくほどナチュラルにドリフトさせることができます。

でも、質問にあるように、流れがある環境下でノーシンカーでズル引きをしようとすると、それは「ズル引き」ではなく「ドリフト」になります。その境界線は「流れに主導権を与える」か「自分が主導権を持つか」です。これをまずは理解してください。

そこでズル引きですが、流れではなくこちらで主導権を握るといっても、じゃあシンカーを重くすればいいのかとなると、これは絶対にＮＧです。僕の中ではキモに近いんですが、**ズル引きとは**

アンチシンカーということ。

シンカーに仕事をさせ過ぎてしまうと魅力的な動きにはなりません。順序としてシンカーが動いてからワームが動く。そうなるとワームの魅力的な動きは損なわれてしまいます。それがひとつ。

もうひとつは、流れとシンカーがケンカをしてシンカーが勝つと、ラインが突っ張ってしまうこと。こうなるとプレッシャーが高い、もしくは水質がクリア、ボトムの起伏が激しい場所だと、過度なプレッシャーを与えたり、根がかりしやすくなるというデメリットに繋がってしまいます。

流れの強さから、使うワームとシンカーをチョイスする。とは言ってもみなさん、特に自分の使うワームが何グラム以上のシンカーになると動きの主導権がシンカーに移ってしまうのかを理解してない、いや、気にしてないんですよね。

ライトリグとは言いますが、０・９グラムのシンカーを使えばライトリグなのか、３・５グラムだとライトリグじゃないのかと言うのは、僕的には関係ありません。仮に1インチのストレートワームがあるとすれば、０・９グラムのシンカーでは到底ライトリグになりません。シンカーが重過ぎてワームが不自然な動きの塊になる。

そうではなく、**シンカーが出しゃばらずにワームがナチュラルに動いて誘える。**これがライトリグ、ひいてはズル引きということになります。

流れに負けたくないことを優先して、ただ単にシンカーを重くしてしまうと、ワームの存在意義がなくなってしまいます。もしシンカーを重くしたいのであれば、大きくて重たいワームで。

以上が僕がズル引きで重要視していることで、ズル引く幅とか何秒止めるとかは正直そこまできっちりとは決めていません。それは同じフィールドでも日々変わるし、感覚を信じればいいと思います。

現場で微調整していくことも可能でしょう。そこはシステマチックに決めつけないほうがいいと思います。それよりもここまで書いてきたように、シンカーとワームの関係性を理解してズル引きをしたほうが、たかだかズル引きが、されどズル引きに変わるんじゃないかなとは思います。

Q.6

シェイク

縦シェイクと横シェイクの使い分け

スピニングでボトムを探るとき縦でシェイクしているときと横でシェイクしているときがあると思うのですが、どうやって使い分けるのですか？

A.6

「リグと地形、そして魚のコンディションによって使い分けます」。

これは悩んでる人も多いはずですが、スピニングの釣りを掘り下げている人であれば、悩むことはないはずです。

ただし、これからスピニングの釣りを取り込んでいこうと思っているのであれば、大事な疑問ですね。

要はどんなワーム、フック、ライン、リグがいいのかということよりも、ヘタをすると大事なことだと思います。

いわゆる、縦さばき、横さばきと僕は呼んでいますが、これをディープなところまで掘り下げると、解説するのも読むのも辛くなるので（笑）、分かりやすくまずは入り口だけを解説します。

何をもって縦にさばくか横にさばくかの入り口はふたつ。

ひとつはリグと地形、もうひとつは魚のコンディションです。

リグによっては横さばきの必要のないものが存在します。

例えば、ダウンショットは基本的に縦の釣り。

ロッドを縦にさばくことによって、リグのポテンシャルが発揮されます。

あるいはジグヘッドワッキーも縦。

このように縦が生きるリグがあるように、横が生きてくるリグとしては、キャロ、スプリットショット、ノーシンカーのズル引き。縦でズル引くと浮いちゃいますからね。つまり、ボトムをズルズルというのは横さばきです。

このように、使うリグに応じて縦横が決まります。

それと地形。

岩の凹凸が激しいとなると、横さばきではわざわざ根がかりさせているようなことになります。

なので、起伏が激しいところ、入り組んだところでは、縦にさばかないと根がかりやすくなります。

逆に遠浅、シャローフラットなどいったストラクチャーが見当たりにくいところでは、浮かない横さばきの方が手堅くなってきます。

いわゆる、点で釣るか線で釣るかというのも縦と横の基準になります。

横で釣りたい時は線で引く。

つまり、**〝この辺〟に魚がいそうだという時には横。**

逆に、〝ここ〟にいる、〝真下〟にいるように**居場所を絞り込めれば縦になります。**

魚が浮いていると判断ができた時には縦操作の方がアジャストさせられます。魚がボトムにいるなという時には横。ボトムをズルズルと引いた方が魚の目の前にルアーを導くことができます。

このように判断していけば、それほど悩むことはないでしょう。そして、おのずとリグも決まってくるはずです。

スモラバは、縦横どちらにもさばけますが、この場合はまさに魚のポジションが大事になります。

魚が浮いていて、スイミングで誘ったほうがいいとなれば細かいシェイクを入れながらゆっくり巻いてくる縦さばき。魚がボトムにベッタリだなとなれば横さばき。

もちろんコンビネーションも必要です。まずはズルズルと横にさばいて、なにかストラクチャーがあれば縦に入れて根がかりを回避しつつサーチする。

基本的には探るのが横、ストラクチャーに対して当てる、外す、誘うというのが縦。

縦がマスト、横がマストではなく、状況に応じて適材適所でさばくのが一番大事です。これがホントの名奉行、一件落着のカナモリさばきでした（笑）。

Q.7

アタリ

バイトの感じ方と対応法

いつも勉強させてもらっています。質問させていただきます。ネコリグ、ノーシンカーの釣りを最近よくするのですが、よく飲まれます。アタリがよく分からずアワせるのが遅いからだと思うのですが、何かアタリをとるコツがあれば教えていただきたいのですが。

A.7

「ラインスラックの使い方を覚えてください」。

ネコリグとノーシンカーは通年活躍するリグですが、特に夏型が強くなるほどノーシンカーの出番は多くなると思います。それも踏まえて、飲まれてしまうことはバスにとってもいいことではないので、僕なりのアドバイスをさせてもらいたいなと思います。

まず、飲まれてしまう背景には、フィールド的な理由と釣り方的な理由のふたつがあると思います。

例えばフィールドでは河川。ソフトベイト全般の基本中の基本として、下流側から上流側にアプローチして、流れに乗せつつルアーをコントロールします。

この時、魚の頭の向きは流れ側、つまり上流に向いています。下流から上流に投げて上流からワームがゆっくりバスに向かってくる。バスの横をワームが通り過ぎてから反転して食った時には、流れに乗りながら口にしているのでアタリが出にくい。なので飲まれやすくなります。

例えば釣り方では、流れのない止水域でも**ラインスラックを出し過ぎている**ということが考えられます。もしくは毎回そうだとは思いませんが、バイトして自分の方向に泳いできてしまう場合もアタリは取りにくいでしょう。

フィールドと釣り方、これが飲まれる2大背景ですが、それを克服するため、ひいてはアタリをしっかり取るためにいずれも必要なのは、適度なラインスラックです。

フィネス全般に言えますが、ラインスラックをいかに出し過ぎないか。飲まれるということは、単純に状況に対してスラックを出し過ぎていると考えられます。

基本的には、ラインは張り過ぎているよりはたるんでいた方がいいんですが、たるみ過ぎると飲まれやすくなるよということです。

文字では伝えにくいですが、イメージとして、ロッドティップから水中にピンとまっすぐラインが入っているのは張り過ぎでNG。逆にティップから真下に落ちているのもたるみ過ぎでNG。

その中間、ロッドティップから柔らかくたるみつつ水中に入っている。これがアタリをしっかり取れてフッキングもできるラインスラックです。その状態をキープしながら巻きましょう。

さらにフォールでは、使っているワームの沈下スピードと攻めているポイントの深さを把握して、何秒後には着底していると推測する。そして、それを過ぎたらとりあえず一回ラインを軽く張ってみる。これが「ラインを聞く」という行為になりますが、しっかりラインを聞いて、適度なラインスラックをキープしていれば、何度も飲まれるということはなくなると思います。

というのが予防法で、さらに文字で伝わるか分からない領域になりますが、もし飲まれた場合は、まずはフックがどの位置に掛かっているかを確認します。

フックの先端とは逆方向、上向きに刺さっていれば下方向に外す、下なら上、右なら左、左なら右。軽くテンションをかけて優しくほぐすようにクィっと抜く。この時にパワープレーは厳禁です。もしカエシ（バーブ）が見えていたら潰すとより抜けやすくなります。抜くときには口の正面からだとやりにくいことがあるので、その時はラインを切って、エラを傷つけないようにエラの隙間からペンチを入れて外します。できればこの作業は水に漬けながらやりましょう。

ちなみに、喉の奥に飲まれた場合でもしっかりと丁寧に外してあげれば、経験上死ぬことはほとんどありませんので、落ち着いて対処してください。

できれば専用のフック外しのツール『フックディスゴージャー』（通称オエオエ棒）などを携帯しておけば、安心して釣りに集中できると思います。

とはいえ、なんといっても飲まれないのがベストですね。

Q.8

フッキング

ミスのない
フッキング法

自分で釣りをしていて思うのですが、自分のフッキングが甘い時があります。せっかく魚を掛けてもフックオフしてしまい悔しい思いをします。かといって鬼フッキングをするとラインブレイクすることも…。金森さんはフッキングする際は何に重きをおいていますか？

A.8

「やっている釣りやロッドの特徴に合わせてその都度フッキングを変えるのが理想です」。

まぁ、あるっちゃある系の悩みですよね。ただ、この悩みは結構バリエーションがあるというか、細かくほじくればキリがありません。

立ち位置は？とか、距離は？とか、ルアーは？とかとか。ですが、それはまぁ置いておいて、大枠で重要なことからいきましょう。

まずは、フッキングが決まりにくい場合。つまりは乗らない、あるいは途中でバレてしまうのもそうですが、この場合は、**タックルのミスチョイス**が原因として考えられます。

フッキングのモーション、姿勢などの問題ではありません。柔らかいロッドでカバー撃ちをすればそれはフッキングに限らず、いろいろと不都合が出ますよね。これがミスチョイスの例です。

話は似ていますが、ロッドの特徴に合わせたフッキングができていないのも地味にありますね。ロッドに対して強すぎるか弱すぎるか。ロッドが柔らかくなればなるほど巻きアワセかスイープにしないとダメなんですが、思わず鬼アワセ、ビシッとフッキングしてしまう。

こうなると一瞬ラインは張るんですが、どうしてもたるみが出てしまいます。ビシッと合わせてロッドが曲がる分、戻してラインを巻こうとすると糸フケが出ますよね。その瞬間にバレる確率が高いということです。

あるいはクランクベイトを使っているのに鬼アワセとか。逆にハイテンションのロッドなのにスイープにフッキングしたりとか。

もうひとつの理由としては、ティップの強さに対してルアーが重い。これもあります。

しかも距離が遠い場合。例えばミディアムヘビーと言ってもティップの特徴は分かりません。そこでティップがおじぎをしてしまうくらいのウエイトのルアーを使うと、ティップの仕事ができず、フッキングが決まりにくくなります。

以上の三つに共通するのはタックルバランスです。それが理解できた上で、理想を言えば、やっている釣りやロッドの特徴に合わせてその都度フッキングを変えるのがベスト。

なんですが、かなりのキャリアも必要だし、簡単ではありません。だから回答は以上！

だと不親切なので（笑）、ざっくり解説すると、トリプルフックの巻き物を使っている場合は巻きアワセのようなスイープ。バズベイトやスピナーベイトのようなシングルフックは、アイからフックの距離が長くて力が分散しやすいので、ある程度のパワースイープがいいでしょう。ソフトベイトなら短く速く、ヒジを軸に引き付けつつ手首を返すようにスパッとアワせる。

遠投した場合は巻きアワセからのパワースイープ。

近距離なら強すぎるとラインブレイクが怖いという意見もありますが、切れないラインを使えば問題ありません（笑）。あるいはドラグをしっかりとセッティングしておけば、まぁアワセでブレイクすることはないでしょう。

こうした使い分けが考えずにできるようになると、フッキングの悩みはほぼ解消できると思いますので、ぜひトライしてみてください。

最後に補足すると、**オカッパリで重要になるのは高さと距離です。**足場が高くて距離も遠くであれば、これでもか！っていうほどの鬼フッキングでも大丈夫です。もしろそうしないとフックセットはしにくい。逆に足場は高いけど距離が近いのであれば、それほど強くフッキングしなくてもしっかり掛かります。この高さというヤツは、オカッパリならではの考え方になるので注意してください。意外と強さが足りなくてフッキングできないという人は多いと思います。

Q.9

ファイト

身体を使った
ファイト

いつも、『JUKEBOX』やDVD等で勉強させてもらっています。特に動画で毎回感じるのは、バスとファイトするときのカナモさんの動きの柔らかさです。下半身（特にヒザ）をうまく使って身体全体でバスとやりとりしているように感じます。普段から鍛えているのでしょうか？もし鍛えてないとしても、意識していることがあれば教えてください！

A.9

「状況に合わせてヒザドラグは使っています（笑）」。

ハイ、正直ちょっと褒め過ぎです（笑）。ちなみに鍛えてはいません。冗談でスクワット毎日1000回してるよ！とか書こうと思ったんですけどね（笑）。まぁ回答としては、鍛えてはいませんが、意識はしています。

ヒザを使うと言えば、映像などを見てもらっているのであれば分かってくれるとは思いますが、いつでもどこでもというわけではなく、特定の状況でヒザは使っています。それは、ライトラインや足場の悪い状態でのファイトの時です。そこでヒザを使う理由、いきなり核心に入りますが、**ヒザはドラグです。**

具体的に解説をすると、まずライトラインで大きい魚を掛けて、最初に耐える箇所はというと…ロッドですね。ロッドのベンディングがピークになる。それでもまだ突っ張るからリールのドラグが出る。

つまりベンディングがファーストドラグ、リールがセカンドドラグ、それでも突っ込みがきついと感じた時に使うのが、第三のドラグとしてのヒザです。

とはいえ、ヒザも使い方を間違えると意味がありません。

ヒザを曲げるのは**魚が突っ込んでいる時です。**足場が高くて角度がつきすぎるとブレイクするという時にヒザを曲げます。魚が浮いてきている時に曲げる理由はないので、姿勢を正してロッドも立ててリールを巻きましょう。

それでも魚が走る、突っ込むという時にはヒザ。タイミング的には**ドラグが鳴ったら曲げる**というイメージですね。

ヒザはファイトをする中でのクッションです。おそらくほかのアングラーの動画を見てもそうですが、ブレイクしないバラさない人はヒザの使い方が上手です。例えば青木大介。彼もヒザをしっかり使っています。トーナメンターはほとんどがボートなのでエレキでコントロールできるのに、オカッパリになると自然とヒザドラグ、ヒザクッションを使っています。

このヒザドラグを使う上で気を付けないといけないのは、普段ベイトタックルで強い釣りをしている人。ベイトフィネスではなくてヘビーやEX・ヘビーのタックルで釣りをしている人は必要ありません。

身体を使うというよりも、タックルのパワーで巻いてくることが大事になる。ポンピングの時には別ですが、ビッグベイトやパワー系の釣りでクッションを入れると返ってバレやすくなります。

そんな人がたまにスピニングの釣りなんかをやると、うまくヒザが使えなくて、ラインブレイクになりやすい傾向はあったりしますね。

ヒザは第三のドラグであり、釣り人のセンスをあらわすともいえます。なので、状況に合わせて有効に使ってもらうといいでしょう! そんなわけで、最近釣りすぎでヒザが痛ぇぜ(笑)。

Q.10

ランディング

最も確実なランディング法

カナモさん、教えてください！　私はとにかくランディングが下手くそです…。目の前で、あと数センチで手が届きそうなのにバラしてしまう…なんて事が多々あります。最近ではランディングネットに頼りっきりで、バラすことはなくなりましたが、やはりこの手でつかむとかなりエキサイティングです。バラしたくないけど、エキサイトもしたい！　そんなジレンマです。どうにかしてウマくなりたいんですが、ぜひコツを教えてください！　カナモさんのランディングはカッコ良くてエキサイティングです！

A.10

「ランディングは結局のところ、フッキングの問題になります」。

実はご存知の方も多いと思いますが、僕もランディングネット派です。

しかも、ネットを使う条件は大体決まってます。現場にネットを持ち出してないってこともあるんで、絶対ではないんですが…。

ひとつは、足場が高いとか悪い時。

身の危険を伴ってまでハンドランディングしようという気持ちはありません。それと、ランディングで一番大事なのは、**掛けた魚をしっかりキャッチしてリリースする**のが絶対前提。

色々な考え方はあると思います。

水中から自らの手によってランディングするのが最高と言う人もいるし、それは個人の考えなので否定はしませんが、個人的にはそう考えます。

もうひとつは、プラグを使っている時。

どうしても大きな魚を掛けるとバラしたくないし素早くランディングしたいという気持ちから、焦って手にフックが刺さってしまうことがあります。

シングルフックと違って、複数のトレブルフックのプラグでは、どうしても魚の口に刺さっていないフックがあるからです。そこでうまくランディングできないと…僕の右手にも2箇所の傷跡が残っています。

そうしたケガを防ぐためにもランディングネットは有効でしょう。

さらにはライトラインを使っている時。

もちろんストラクチャーの有無にもよりますが、4ポンド以上ならまず問題ありませんが、それ以下のライトラインを使っている時は、最終的に足元に突っ込まれて切られるということはでかい魚ほどあると思います。それはもちろん、魚にとっても釣り人にとっても好ましくはないこと。

なので、ネットの使用頻度は高いです。

ちなみに、ランディングで特に注意するのは、**ライトタックルとビッグベイト。**ライトタックルだと無理ができないから、ドラグとロッドのテーパーを生かして**時間をかけていなして**魚を寄せてからランディングすること。

ビッグベイトはフックが大きい分、魚の口に刺さっても暴れると穴が広がってバレやすくなります。なので**フッキングしたらゴリ巻き。**

ファイトを楽しむというよりは、いち早く手元まで寄せてランディングをする。タックルも強いので問題ないはずです。

ちょっと話題がそれましたが、僕がハンドランディングをするのは基本的には上記の3つ以外の時になります。

例えば、ライトタックルではなくソフトベイトを使っている時にはフッキングさえしっかりとできていれば、大抵いいところに掛かっているので、ハンドランディングも問題なくできるでしょう。と、ここで大事なことが出てきました。

ランディングは結局のところフッキングの問題だということ。

フッキングがしっかりできていれば、ランディングはそれほど大変なことではありません。それはネットでもハンドでも同じで、自分がアプローチしている場所と状況とルアーを考慮してフッキングする。

フッキングができていれば、ランディングも思い通りにできるはずです。あとは、家に帰るまでが遠足なのと同じく（笑）、ランディングしたあとの魚のケアをしっかりしてあげるまでがランディングです。

最初にも言いましたが、ネットでもハンドでも、無理をせずに安全にランディングしてリリースしてあげる。それが釣り人として最もエキサイティングな瞬間じゃないでしょうか。

ちょっと今回は真面目だったかな（笑）。でも、それも含めてバス釣りですよね。

ちょっと
ひと息

アングラーが語るカナモリタカシ

「僕が陸王で勝ってからは、危険人物だと思われていますね、きっと（笑）」。

伊藤 巧

いとう・たくみ
陸王二連覇の最年少記録を樹立したオカッパリの超新星。ノリーズプロスタッフ。元々はホームの利根川を中心に各種トーナメントにも参加し、ボートの釣りも得意としている。

初めてお会いしたのは忘年会で、陸王メンバーの光大郎さんとか、大人数じゃない会に呼んでいただいて、いろんな話をしました。

でも緊張して何を話したかあまり覚えてません（笑）。まだ陸王に出る前、2014年末かな。すごく話のうまい、起承転結のある面白い話をするなあと。それとともに、バスフィッシングの話をかなりしていて、光大郎さんと一緒だったのもあると思いますが、バスフィッシングに本気だなぁという印象を持ちました。

それが大きく変わったのは、シーガーのプレミアム動画の撮影の時です。一緒に遠賀川とリザーバーで一緒に釣りをしたんですが、そこで大きく変わったというか、サイトフィッシングの釣りになり、その時に色んな手駒があるなぁと。人の何倍もあるんですよね。ルアーパワーも含めて、釣り方とかに驚いて、あぁ自分も変わらなきゃダメだと痛感しました。

そう思うことが、僕の陸王の初優勝につながったと思います。

シーガーのロケで、伊藤巧が危険人物じゃないと思ってくれて（笑）、サイトはこうなんだと教えてくれました。もちろん親切心からです。それ（陸王優勝）以来、一切教えてくれなくなりましたけど（笑）。

でも釣りの話をしていると、素はみんなに色んなことを教えたいと思ってる人なので、ポロッと教えてくれたり、教えないと言ってても、面倒見のいいアニキ的な存在です。

そういう部分があって、今の金森さんがいるのかなぁと思います。

僕よりもっと年下の人もそうだと思いますけど、金森さんから業界のことを教わっている人も多いと思います。僕もそうやって学んできたし、今後どうやっていこうかと悩んだ時にも相談しています。

釣りの部分は教えてくれなくなったけど（笑）、的確にアドバイスしてくれる。そんな人です。でもそれも、金森さんが僕のことを釣り人として危険人物と思ってくれてるんだなあと、そこは嬉しく思います。

でも正直、艇王で負けたり、金森さんとの試合はあまりいい思い出がないのでできれば戦いたくないですね（笑）。強さのタイプがちょっと特殊です。青木（大介）さんのようにトーナメントで勝てるトリガーじゃなくて、他の人にはない突拍子もない釣りと強さを持ってるから、一番当たりたくないですね。

Q.11

バスの探し方

フィールドでの
着眼点

なぜ、金森さんはあまり経験のないフィールドでも魚が釣れるのですか？　どうやって魚を探すのかが知りたいです!! よろしくお願いします!!

A.11

「情報に頼らず、シーズナルから自分で判断してください」。

経験のないフィールドというのは、釣り人にとっては絶対的に不利です。

釣りというのは情報がすごく大事で、極端なことを言えば、ルアーよりもテクニックよりも大事になります。

例えばバス釣りを始めたばかりで、ルアーはあまり持ってない、テクニックもほとんどないという人でも、鮮度がよくて正確な情報があればきっと釣れます。ある意味残念ですがこれは事実です。

ただこれは、釣ったのではなく、釣らせてもらった魚です。

自分で探す、自分でジャッジするということは、釣り人にとってはそれだけ価値があることです。

初めてのフィールドでは、僕は極力いわゆる現地のガイドさんをお願いしませんし、したとしても最低限の情報だけで、核の部分を聞くことはありません。というのは、釣り人としての芯となるジャッジの精度を鈍くしたくないからです。

もし核を聞いてしまっても（一方的に告げられることも多いですが…）、最終的には自分でジャッジをするし、実際にそうしています。

そうした〝自分で探せる〟、〝ジャッジができる〟釣り人になるには、**情報には頼りすぎないことが重要です。**

いまの世の中はSNSなど、情報網が発達しすぎて飽和状態、情報過多です。そうなると、情報を正しくジャッジする能力も必要になってきますが、そのためにはなにが必要かというと、やはり大事なのは自分で探して釣ることです。

ではどうするか。

つまるところはやはりシーズナルです。

これを理解していないと、的（まと）がありません。

僕がよく使う表現に〝的確〟には〝的〟という字が入ってますが、的を絞らないと的確な判断ができない、ということがあります。

ではバス釣りにおいて〝的〟がなにかというのが、このシーズナル。春夏秋冬、そこでのバスの動き、趣向、居場所、食べたい物というのは、この基本の枠を押さえていないと判断できません。

　基本の的を押さえずに、テクニックなどの釣り方に重きを置きすぎると、結果、経験のない釣り場ではまったく通用しません。『どこに何を投げればいいの？』と言う全放棄の質問をしなくてはならなくなるでしょう。

　それは、目先のテクニックやスポットを見すぎているからです。まずは、シーズナルという「的」を持つこと。

　その上で、野池、リザーバー、川、水路、フラットレイクといったフィールドの特徴をつかむこと。**的であるシーズナルの理解力とジャッジとフィールドごとの味付け。**水質だけでも釣り方はまったく変わってきます。

　例えば、秋にバスは散る。なぜ散るか。それはベイトが回遊型になってバスが追尾するからという基礎知識があります。でも、それって野池でも？　これが味付けです。

　ちなみに正解は、野池ではそういったことはありません。

　というのも、回遊性の高いベイトがほとんど存在しないからで、なおかつ回遊するほど広くもないことが多いから。

　これが広大なフィールドなら回遊は正解ですが、小規模フィールドではそうではない。

　秋は回遊という事実しか知らないと困り果ててしまいますが、ここで初めて釣り人としてジャッ

ジするわけです。
秋になってオーバーハングのシェードを撃ってもバイトはない。適水温に近づくから散らばる。じゃあここのベイトはなんだ？　ブルーギルだ。どのポジションにいる？　ここか！　となるとバスはどこだ？　と追いかけていく。
この過程が大事になります。
釣りに対する捉え方、第一歩を踏み違えると、まったく違う方向にいってしまうので、自分で探す、ジャッジする、答えを出す、そして釣るという作業を「的確」にしてもらえれば、どの時期、どんなフィールドでも「釣れる」アングラーになれるはずです。

Q.12

移動

見切りの基準と
移動のタイミング

一度入った場所に再び入り直す時の金森さんの基準って何かありますか。ひとえにタイミングとはよく言いますが、そのタイミングというものがイマイチ分かりません。そして、時間を置いて入りなおす場所と、見切る場所の違いも教えていただけると嬉しいです。

A.12

「その季節、その場所の特徴から見極めましょう」。

これってどんな釣れるルアーよりも重要ですね。ここで釣果がほぼ決まると言っても過言ではありません。入りなおすかなおさないかは〝ポイントの見極め〟。これに尽きます。入り直す価値のある場所っていうのはざっくりとふたつ。

ひとつは**狭い場所。**いい場所で条件を満たしているんですが、狭すぎて数投して結果が出ない時。

これ以上投げても場を荒らすだけの時。

野池であればインレットやコーナー、河川ならインターセクション、水門の前など、とっても分かりやすい場所。たまたま魚が居なかったとイージーに解釈できるとき。ただこれは重要ですが、誰もができる判断なので初級、白帯ですね。

もうひとつは**季節を象徴する場所、あるいはフィーディングスポット。**具体的に春のタイミングで考えてみましょう。

岸際、水深は比較的浅くて少し離れたところにディープに繋がるブレイクがある。どう考えても冬から春に向けては魚が必ずさしてくる場所。でも釣れない。ではなぜ釣れないかを考えて、もし天気が晴れているのであれば、光を嫌っているのかもしれない。だったら曇った時だなと。

もしくは春の特徴として、朝よりも昼、昼よりも夕方のコンディションがいいはずなので、そのときが午前中であれば、もう少し遅い方がいいなということ。

例えばリップラップであれば、その始まりと終わりは通年いいですが、特に3月下旬4月頭の春先であれば、必ず魚が通るので絶対に触るべき。でもそのタイミングではバイトは得られなかった。ただこの後、風が強く吹きそうであればベイトも寄せられるはずなのでその時だなと判断する。

これらはほんの一例ですが、つまりは**チャンスがあると判断できた場所**に対しては、いま自分が置かれている環境にプラスアルファの変化が起こった時に入りなおすべきだということです。

ローライトになる、時間帯を変える、風が吹くなどなど。

もっとポジティブに考えることもできます。今釣れた、でもこれはもっと魚が入ってくるなと考えられる時。特に春は魚がシャローに入ってくる時期なので、昼に釣れたら夕方にまたチャンスがあるなと考えて入りなおすこともありでしょう。

ただし夏はこの考えは合致しません。カレントが効いていてベイトがたくさんいる場所であれば、入りなおすよりも粘ったほうがいいです。

そこから導き出されるのは、入りなおすという行為は、「いま」よりも「あと」のタイミング、あるいは別のタイミングのほうがいい条件になると考えられる時です。

逆に、いい条件が継続する状態では「粘る」になります。

この判断ができるかできないかは、実は釣りの上手下手に大きく繋がります。そしてこれは経験、実体験を重ねることによってのみ判断できることです。

その季節、その場所の特徴を分からないとしても探ってみる考えてみる。トライ&エラーを繰り返すことによって、入りなおすべきか粘るべきかのジャッジの精度は上がってきます。直感と正解にイコールに近づきます。

釣りにおける直感とは、過去の経験の引き出しの数です。ヤマカンや当てずっぽうとはまったく違います。たとえ失敗しても、それを重ねることで成功に近づける近づくための失敗です。

春は特に入りなおす、見切るが重要になる時期なので、失敗を恐れず経験してみてください。

Q.13

天気

気圧がバスに与える影響

天気で最近よく思うのが高気圧のベタ凪、低気圧のベタ凪どっち釣れるの?ということです。体感的に低気圧かなと思うのですが、金森さん的に天気で気にしていることなど、天気について色々ご教授下されればと思います。

A.13

「とにかく天気を味方に付ける釣りをすることです」。

ハイ、**基本的には逆らわないのがベスト、受け入れる。**これが釣りをする上での天気との付き合い方です。

フルに365日臨戦態勢であれば理想的な日に釣りをすればいいですが、まぁそうはいかないのが実情でしょう。釣りは特に天気や実績、情報など、いろいろとアテにしだすとダメになる(苦笑)。雨が降ればなぁとか、昨日は釣れたのになぁとか、あのポイントが空いていればなぁとかとか。あてにすることが一番怖い部分で、しかもそれが不確定要素の高い天気となればなおさらです。

そんなわけでおさらいです。一般的には高気圧が張り出してくると、空気によって水面が押されて、水中にいる魚にとっては動きにくい環境になります。そんな厳しい状況を中和する要素の風と、風によって生まれる流れによって魚は多少でも動きやすくはなります。

が、ベタ凪であればそのサポートはなくなる。なので、厳しいままです。魚は二日酔いというか、しゃっきりしない状態になります。

とはいっても時合いもあるし、エサも食べないといけないのでまったく口を使わないということはありません。人間もそうですが、体調がすぐれないのであればあったで、それなりのご飯であれば食べるよって感じと同じです。

低気圧は高気圧とは逆で、水中への圧も少なくなるので浮きやすくなると言われています。ただ、この浮きやすさというのもいい加減なもので、水質によって大きく変わります。

浮きやすいのはあくまでクリアウォーターの話で、ステインはまぁ浮きやすい、マッディはなんとなく浮くかなというレベルです。

むしろマッディにいる魚はストラクチャー依存型なので、もともと浮く性質がない。浮くというよりは横方向に動きやすくなるというのが正解です。いずれにせよ、**高気圧よりは釣りやすい**というレベルでしょうか。

まぁまぁそんな釣りやすい低気圧とは言っても、低気圧の日にだけ釣りに行けるなんてことはないでしょう。そういう意味でも最初に書いた、『天気に関しては逆らわない、受け入れる』。これが個人的にはベストだと考えます。

むしろ**天気に合った釣りをする、さらに天気を味方に付ける釣りをすることが大事です。**

例えば残暑でまだまだ暑いとなれば、晴れたら晴れたで夏の延長線上のシェード、あるいは少しでも冷たい水がキープできるボトム付近などにフォーカスを当てる。

高気圧で動きが鈍いとなれば、逆に的は絞りやすいということで撃ち系やフィネスなどの点の釣りで仕掛けるベースを持っていればベター。もちろん絶対ではないので、あくまでベースでということですが。

低気圧なら低気圧で動きやすくはなるものの、じゃあなんでもいいから巻き物でボコボコかというとそういうわけでもない。可能性として動きやすいから、ルアーパワーで引っ張って動きやすいことを利用するとか、撃つにしてもいきなり落とすんじゃなくて、スローフォールで複数のレンジで誘ってみるとか、天気がもたらす効果に対してアジャストしていく。

天気頼みのようなことはしないのがベストです。そのときの天気、コンディションをどう利用するか。そうなった時に初めて無限のように存在するルアーやリグ、ウエイト、アクションが絞り込める。

あくまでそのための要素のひとつとして考えてみることが重要ですね。

Q.14

スレバス

ハイプレッシャーでも釣りたい

このコーナーをいつも参考にさせていただいてます。全国のフィールドでオカッパリをしている金森さんへ質問したいです。自分の地元にあるフィールドは霞ケ浦水系でハイプレッシャーです。休みになると入る隙間もないほどです…。かといって平日に釣りをすることはなかなかできないのですが、そういうハイプレッシャーなフィールドで釣りをするにあたって気をつけている点や、釣果に繋げている点はありますか？

A.14

「自分が得意とする、もしくは好きなポイントを知ることが大事です」。

先日僕もカスミで取材をさせてもらいましたが、地元の方ほど自分の釣り場の難しさを良く知っていると思います。だからこそ逆に考えると、決めつけている可能性も高いですよね。実際訪れた時も水位が減少していました。それもあってか、地元の方が口々に、釣れない、絞りどころがないと言っていました。

確かにカスミ水系における減水は良い傾向ではありません。岸際に寄りやすくなる要素が少なくなります。でも**考えようによっては、少なくなる**というだけですよね。

これは、水位が増えるとイージーになるということを知っているから出てくる考え方、捉え方だと思います。

でも僕も含め、年に数回しか釣行していない釣り人からすると、増水を期待していくことはまずできません。

減水傾向で釣果も上がっていないのが事実だとしても、それが今の常識であれば、受け入れるしかない。なぜなら、増水だと釣れることはその瞬間、釣行中には実感できないからです。

となれば、減水しているのであれば少しでも水のある場所を探ればいいのでは？　というのが単純ですが、ベストな対処法ですよね。地形を知らないのでイチから調べないといけない面倒さはありますが、多くの人が定番スポットで水位がないと嘆いている。でも、こちらとしてはそんな好条件は求められない。

人が多くて好きなスポットにも入れないというのも基本的には同じ考えです。

夏であれば、流入河川の最上流の少しでもカレントが利いているスポット。これは誰もが入りたい場所でしょう。でも人が多くては入れない。流入河川は全滅だと。じゃあ本湖で似たような条件の場所はないのか。

カスミ水系で本湖まで人で埋まっていたら、それはそれで大変です（笑）。

確かにカスミ水系のプレッシャーは高いですが、エリア面積に対しての釣り人の密度で考えれば割と平和です。

メジャースポットには釣り人はいますが、それを釣れない条件にしないというのが、まずは言いたいことです。

四季折々に適したポイントがあって、そこが100%埋まっていることはない。実際今回のロケでも減水しているからこそ、本湖で少しでも水深があって、ベイト、今回は魚よりも移動しにくい甲殻類をキーにしましたが、そうなると出てくるのが水門。という考え方で回って、まずますの魚を手にできました。

つまり、**減水したから釣れないことを条件のすべて、MAXにしないこと。**

小規模野池なら別ですが、カスミ水系のように大規模なフィールドだと、必ずどこかに釣れるスポットは存在します。それがバリエーションの豊富なカスミ水系の利点であり、魅力なんですよね。でもだからこそ自分が得意とする、もしくは好きなポイントの特徴を知っておくことが大事になります。

例えば、浅くて風に弱いけど、風がなくてローライトだと魚がさしてきやすいポイントで、こういう場所なら釣り方も見えている。という時に、そこが釣り人で埋まっていたら別のエリアで似たポイントを探せばいいし、なんらかの理由で釣れないのであれば、条件を満たすポイントを探せばいい。

それはルアーセレクトやテクニックではない、バス釣りにおいては基本中の基本の考え方ですが、ある意味それが難しかったり悩ましかったりします。

とにかく、まずは自分が遊びたい遊び方をすべてと捉えないという考え方をしてもらうと、カスミ水系に限らず、全国各地のメジャーフィールドでも楽しく遊べるんじゃないかなと思います。

Q.15

ルアーチェンジ

頻度と
使う時間について

ひとつ知りたいことがあります。それはルアーを変えるタイミングです。ルアー交換は頻繁に行なった方が良いのでしょうか？　それともひとつのルアーで粘る方が良いのでしょうか？　金森さんの中で、ひとつのルアーに費やす時間の目安はありますか？　幼稚な質問で申し訳ありません。

A.15

「ルアーを数値化して考えましょう」。

幼稚ではありませんよ。１００％の自信をもってローテーションしている人なんて、この世には存在しないはずですから。

つまりはそれだけローテーションにおいての目安が定めにくいということ。

なぜそのルアーに変えるのか？

雰囲気、気分、なんとなくという理由が大半でしょう。そこにしっかりした目安を持つには、個人的な考えですが、ルアーの数値化が重要になります。

強いルアーには高く、弱いルアーには低い数を付ける。それによってルアーのランク付けができます。このルアーは強い、弱い、中間などなど。

それで見えてくるのは、強いルアーというのはよほどの場合ではない限り、同じ場所に投げることは避けた方がいいということ。強ければ強いほど、離れた場所からでも魚を寄せる力を持っています。なので、継続的に同じ場所に投げることは基本的にはナンセンスです。

弱いルアーは強いルアーとは逆で、お察しの通り。魚に対してのアピール力は弱い。でも気付いてもらえたら口を使う確率は高い。だから、キャスト数はしつこいと思われるほどでちょうどいい、という感じです。

ただ、ルアーを数値化するには、そのルアー本来の使い方であったり、特徴をしっかりと理解していないと不可能です。

では、個人的な考えと捉え方の参考として、5個のルアーを数値化してみましょう。5個なので、最大が5、最小が1になります。オーソドックスにラインナップは、クランクベイト、バイブレーション、スピナーベイト、シャッド、ビッグベイト。

5はスピナーベイト。ただし1／2オンス以上という前提です。

ブレードが回って水をかき回して、さらにフラッシング効果も高い。

単純にサイズだけを考えると5はビッグベイトになりそうですが、まぁビッグベイトの種類にもよります。例えばS字だとすると、サイズは大きいかもしれませんが、水を押さず、大きな物体がS字を描いて泳いでいるだけ。水が濁っていたり、ローライトだったりでシルエットを見てもらえないケースだとパワーは発揮できません。

なのでビッグベイトは4。

以下は、3クランクベイト、2バイブレーション、1シャッドの順になります。

こんな風にして使うルアーのパワーをランク付けしてみますが、ここで重要なのは、**パワーが強いほど小場所での投げ過ぎには注意するということ。**

逆に広いエリアやサーチには適しています。動ける食える状態の魚であれば、どのルアーよりもいち早く釣ることができます。

スピナーベイトはビッグベイトよりも根がかりも少なく、スピード、レンジを自由にコントロールできる。少ないキャスト数でより広い範囲をチェックできます。

クランクベイトは魚を探していく上ではスピナーベイト、ビッグベイトほど強く魚を引き付けるパワーはありません。人間同士の関係で考えると、スピナーベイト、ビッグベイトはガキ大将タイプ。すぐ呼び付けちゃう。だから好き嫌いがあります。

クランクベイトは呼び付けもするけど歩み寄るタイプ。

バイブレーション、シャッドはとにかく気配り目配り足配りタイプ。動いて動いて、キャストしてキャストしてバイトを得られる可能性が高くなります。

このように、**ルアーの特徴を理解して数値化して、投げ過ぎたと思えばパワーダウンの方向にローテーションする。**小場所などプレッシャーをかけたくなければ逆でもいいですね。弱くから入ってパワーアップしていくローテーションです。

さらに、ひとつのルアーを使う時間の目安ですが、以上の解説で少しは見えてきたでしょう。広くて深くて魚が薄い、さらに濁っているのであれば、強いルアーでも数多く投げます。つまり、投げ続ける判断基準としては、ルアーの持つパワーとエリアに対するバランスです。狭くて浅くて魚が濃いエリアに強いルアーを何度も投げる。これは間違いで、パワーを落とすべきでしょう。

このバランス感覚が、釣り人の経験値、センス、腕の差に繋がりやすいので、しっかりと考えて身に着けてください。

Q.16

サイトフィッシング

見えバスを
確実に釣るために

『BIGSHOT4』大変勉強になりました。面白く拝見させてもらいました。それで、相談です。ズバリ金森さんにとって、サイトの一番大事なことって何ですか？　コツとかあればゼヒ教えてください

A.16

「立ち位置とアプローチ。スキルはその次です」。

サイトフィッシングといってもあらゆる状況があり、細分化され過ぎているので、具体的なシチュエーションがない上でのコツというのはなんとも…というのが率直な回答ですが、あえてサイトフィッシングと大きくとらえた時に一番大事なことから考えてみると、当たり前ですが、**「バスから見られないこと」**です。

釣りが上手な人には共通していますが、**基本をものすごぉぉぉく大事にしてます。**と、強調してみました（笑）。基本を大事にして基本を人よりも精度高く実践できる釣り人はやっぱり人よりも釣るんです。

例えばサイトの名人といえば青木大介。ホント、よーく釣りますよね。一緒に釣りをしたり、映像を見たりしても、魚の死角に入れる環境かどうかを気にしてます。**自分からは見えるけど、バスから見えない立ち位置。**足場がちょっと高かったり、魚との間に遮蔽物があって、それ越しに見ることができる。そんな角度と位置とオプションを常に気にしている。そんな状況を作り上げるのは重要です。

なぜかと言うと、これも当たり前ですが、バスのルアーへの警戒心とバイトの深さが劇的に変わるからです。そう考えると、もうこれだけで釣果は決まってきます。

さらにアプローチ。ただポチャンと落とすのではなくて、草や枝に引っ掛けて落とす。立ち位置も含めて、魚が不審に思う要素を極力排除していく。それが実践できる釣り人はやっぱり上手です。この**立ち位置とアプローチ**が、サイトにおける重要度の50％を占めるでしょう。

とはいえ、ツンツルテンのフルオープンで釣りをすることもあります。ではどうするか？

今度は立ち位置やアプローチではなくスキルが物を言います。具体的には水中の岩や障害物、ゴミ、くぼみ、ウィードでもなんでもいいんですが、要は魚が通過する先にルアーを投げて、そこに隠せる物があるかどうか。ルアーは丸見えよりも見えたり消えたりした方が魚は興味を引きやすい。そのシチュエーションを意図的に作り出して活用することができるかどうかです。

例えばウィードがある。あそこに隠そう。そうなるとダウンショットよりもネコリグ、さらにはスモラバのほうがスタックしにくい。そのルアーチョイスができるかどうかまでが重要です。

そして入れる位置とタイミング、入れ方、出すタイミングと場所、さらには誘い方。これはもう理解力の差、ウデの差、スキルの差になりますね。このスキルの重要度は40％。

では残りの10％はというと、ルアーパワーです。『BIGSHOT4』でも紹介したように、ルアー自体に魚を強く引っ張るパワー（状況に合わせた魅力）があれば、多少立ち位置やアプローチ、スキルが足りなくても補ってくれます。

ただし、ルアーパワーに頼ってしまうと、その人のサイト上達は絶対に見込めません。サイトが楽しい、上手になりたいと思えば思うほど、ふたつの基本ができるかどうか。これにかかっています。それがしっかりできてこそ、ルアーパワーの10％が生きてくると思ってください。

それができるようになると、「あ～、見える魚全部釣れそう！　いや、釣る！」と思えるようになるでしょう。つまり、やっぱりなんだかんだ言っても**基本はすごぉぉぉく、大事なんですよね！**と強調してみました（笑）。

Q.17

ボートとオカッパリ

違いとメリット、デメリット

来シーズンはボートの釣りにも挑戦しようと思っています。そこで金森さんに質問です！オカッパリとボートの一番の違いってなんですか？

A.17

「制限されるオカッパリと自由なボート。その違いをスキルアップに繋げましょう」。

陸王レジェンドのタイトルホルダーであるカナモリタカシとしてはボート釣り…大賛成です（笑）。

やっぱり、オカッパリとは決定的に違うボートの釣りをすることによって、またオカッパリをやる時には、ものすごくレベルアップします。

決定的な違いとは何かといえば、**岸から沖に投げるのがオカッパリ、沖から岸に投げるのがボート釣り。**これに尽きますね。

具体的にいえば、アップヒルかダウンヒルか。オカッパリは沖に投げて、ソフトベイト系の釣りであれば、ボトムまで落としてから浅い手前に引いてきます。これがアップヒルですが、実に難しいアクションです。

逆にボートだと、浅い岸際から深い手前まで釣っていくダウンヒルになりますが、ボートに乗ると『あ〜ラクだなぁ』と思います。

ではなぜラクになることに賛成なのか。

これはそれぞれにスキルアップできる要素があるからで、オカッパリでのスキルアップとしては、いわゆる根がかりしやすい環境の中で釣りをしていますよね。なので、操作感覚はオカッパリの方が上がると思います。

あとはキャスト能力。立ち位置が決まっている、もっといえばテイクバックできる範囲すら決まっている。そんな制限の中で狙った場所にキャストしていきたい。そうなると当然キャストスキルが上がるでしょう。

じゃあ、オカッパリだけでいいじゃん!と思ったアナタ! ここからです(笑)。

ボートにおいてスキルアップができる要素としては、快適さ以外の部分。それはズバリ、バスを探す力! **バスを探す、追いかける力を養えるのはボートの釣りならでは。**

オカッパリではどうしても自分が動ける範囲、近づける距離にも制限があります。でもボートはバスとフィフティ・フィフティの関係で動けます。つまり、自由に動ける分、的が絞れていないと釣りが成立しないのもボートの釣り。

オカッパリは制限があるがゆえに、なんとなく釣れてしまう部分もありますよね。いわゆる結果釣れちゃった！　ってヤツです。でもボートは自由すぎて、間違った追いかけ方、探し方をすると、まったく釣れません。

フィールドが大きくなればなるほど、その傾向は顕著になります。さらに、魚探などによってオカッパリでは得られない情報までも得ることができる。選択肢が増えれば増えるほど、ジャッジ能力はシビアに問われます。

探す基準、追いかける基準がないのに、ボートは自由でいいよね～という軽い感覚で入ると、さらに迷宮に陥ることが多々あります。ここがボートの魅力でもあり落とし穴でもあると。

自由度をどうとらえてボートで楽しむか。どうせやるなら自分の釣りのスキルを上げる方向。いわゆるバスを探す、追いかける的や軸を構築することを意識しましょう。

そうすれば、必ずスキルアップに繋がります。そしてオカッパリに戻ってきた時に、それぞれのよさ、メリット・デメリットはよりはっきりするでしょう。もちろん生かすのはメリットで、それを伸ばす釣りをしていけば、もっともっと釣りはうまくなるはずです。

オカッパリでも、ボートの方法論を用いて、ベストな方法を探し出す。僕もかつて、多くの期間をボートで釣っていた時期もありましたが、それを痛感したし、もっと磨きたいと思いました。

それを促してくれたのは、ゲーリージャパンの河辺（裕和）さんでした。「オカッパリがもっとうまくなりたいなら、もっとボートに乗って、広いフィールドからバスを探せるようにしろ。そうすれば、もっとうまくなれるぞ」と言われて、実践してみるとまさにその通りでした。

今の自分の、エリアを選ぶ、スポットを見抜く、特徴を理解する力の大元は、ボートをやったことで覚えたんだろうなと思います。なので、どちらがいい悪いではなくて、双方のいいところを吸収するつもりでうまく楽しんでください。

特別
Q&A
1

【ルアーマガジン編集部員がカナモに質問】

Q

金森さんが記者になるとしたら、誰を題材にどんな取材をしてみたいですか？

A

「釣り人本人のインサイドに切り込む企画ですね」。


まぁ、自分以外には興味ないですね（笑）。と、それは冗談として、普段から記者目線でルアマガを読んでいる僕としては（笑）、まずは上手い人。これは絶対です。

でもただ上手い人だと面白くないので、特色特徴を持っている人。

それでいていまの時代に合っている人、もしくはこれからの時代を作れる人。

例えば速いフィネスでフィネス観を変えた青木大介。

ただ上手いだけじゃない、ただトーナメントが強いだけじゃない。いままでにないフィネスで勝って、これからのフィネスを提案して、いまのフィネスを作り上げましたよね。

そんな人です。

キムケンもしかり、コータローさんもしかり。

企画としては、そんな釣り人のできれば本人も気付いていないインサイドに切り込みたいかなぁ。

「これってみんなやってないことなんですか？」と思わず口にしちゃうような。

記者の仕事って目に前に起きたことをただ記述するだけじゃないと思うんですよね。

まだ知らないこと、当たり前でも角度が違う見方。僕がもし記者ならそういった人達のそういった部分を記事にしていきたいです。

これってある意味、この質問をくれた記者への挑戦状ですよね（笑）。

第2章

シーズナル編

バス釣りは自然を相手にする遊び。つまり季節ごとに変わる状況に釣り人がアジャストする必要があるということ。そんな季節に関する質問に回答しています。バスの行動はシーズンである程度は決まっています。が！　ひと筋縄ではいかないのがバス釣りの面白さです。

Q.18

三寒四温

日々変わる状況で意識すること

3月に入って、三寒四温の季節になってくることと思います。気温や水温、風の有無などの条件が日によって全然安定しない中で安定した釣果を出すには、何を意識して釣りをすればよいですか。

A.18

「総括的な季節の進行をしっかりつかめば、さほど恐れることはありません」。

三寒四温で天気も移ろい安定しませんが、そんな時の基準ですよね。

そこでまずは別方向の回答として、難しく考えすぎなんじゃないですか？　となります。

正直、いい釣りができている釣り人は決して複雑なことはしないし、さほど難しいことは考えていません。**釣れている時、あるいはハメている時ほどシンプルです。**

つまり、三寒四温ほど長きに渡って春の釣りのキーワードになっているような言葉に幻惑され続けられていることもなきにしもあらず。

フィールドのタイプによって、三寒四温がダイレクトに響くこともあるし、それほど関係ないということもあります。

例えば近所の野池のような規模のフィールドであれば、三寒四温はそれほど気にする要素ではないでしょう。

それでも三寒四温を強く意識せざるを得ないとすれば、3月だけで、4月になれば三寒四温はそれほど気にする要素ではありません。ただし3月は、きつい寒の戻りもあるので影響を受けることもあります。

でも究極のところ、冬から春に向けてきちんと動き出した個体は、寒の戻り程度ではそれほどのダメージは受けません。

もちろん天気の良い日が続けば春めくので、単純に状況は好転しますが、まさにそれだけ。真冬のような日が一週間も続ければさすがにくらってしまいますが、いいスポットには必ず残ります。

どうしても安定して釣りたいのであれば、3月でも越冬場を触り続けてください。

特に野池であれば、越冬場にはまだまだバスは居ます。でも、より大きくて強い個体は越冬場からシャローにどんどんステージを上げています。

なのでシャローの一級カバー、シャローのいいブレイクなど、シャローに絡んだ場所に居るバスは、三寒程度では居座ります。

居なくなってしまうようであれば、逆にそこは一等地ではありません。

離れないからこそ一等地だということです。

そこで釣れないとなれば、正直釣り方が間違えているので、アプローチを変えてみましょう。

具体的に3月のタイミングで大事なるのはどこのフィールドでもそうですが、カバーです。カバーよりは日差しを避けられる場所というのが正確でしょう。

カバー、ウッドチップ、ゴミ溜まり、消波ブロックなど。

そしてそうしたスポットに撃ち込めるルアーですが、春は小さいのではなくボリューム優先。**大きくてゆっくりと動かせて移動距離が短いルアーがベスト。**

これが早春に良い個体を獲るためのキーワードになります。

昔から言われていて分かりやすいのはジグ＆ポーク。

近年であれば4インチ以上のホッグ系ワームのライトテキサスもしくはラバージグ。

使い方はスイミングも織り交ぜてただ落とすだけですが、**フォールだけではなくてスイミングでも使うのが近年のでかバスを獲るためのトレンドです。**

あとはスピナーベイトにシャッドテールを組み合わせるのもひとつ。

ここからは野池だと難しくなりますが、河川やリザーバー、いわゆるビッグフィールド系でハマりやすくなるのがアラバマリグ。

個人的には近年やってみて食わず嫌いをしていて後悔したルアーです。早春における破壊力はハンパありません。

これらが個人的に早春、いわゆる水温10度前後ででかバスを獲るために使う御三家です。

ただし、どれも水温が上がれば上がるほどパワーダウンするので注意してください。

サイズはいいからとにかく釣りたいというのであれば越冬場。

釣り方も冬の釣りの延長で、野池であればバイブレーション、その他のフィールドであればシャッドを継続的に使ってみてください。

ただ前述の通り、早春ならではの本当にいい魚を狙うのであれば、個人的にはあまりおすすめはしませんが。

Q.19

Q.20

春の釣り

季節の見分け方とバスの居場所

Q.19 おはようございます。こんにちは。こんばんは。質問です!! 季節の変わり目の今は難しいと言われますが、その日の状況が冬なのか、春なのか、カナモさんはどうやって見分けていますか？

Q.20 春はバスがシャローに上がってくるといいますが、どこに上がってくるのでしょうか？

A.19 20

「水温によって、シャローでは3段階の動きがあります」。

まとめて2つ回答させていただきます。

やはり春と冬の変わり目の判断は水温です。 その日が冬か春かも水温によって決まります。ということで一問目を片付けたところで続いて（笑）、とは言っても以下もすべて回答の続きなので心して読んで下さい。

春になるとバスは確実にシャローにさしてきます。四季折々のバスの動き、釣りがあるとしても、**オカッパリで一番でかバスを獲るチャンスがあるのが春といっても過言ではありません。**

なぜかというと、バスは必要にかられてシャローに入ってくるからです。では、そんな漠然としたシャローといっても、何を見てどう考えればいいのか。

春にシャローにバスが入ってくる。これだけのヒントでも釣りはできますが、確かに不確定すぎます。では、春のバスの動きを順を追って解説しましょう。これが分からないと春を本当に理解することはできません。

暦には立春(2月頭)がありますが、あくまで暦の上での話で、水中ではまだ春は遠く、カレンダーだけでは判断できないのもまた水中の春です。

春の判断の基準は先にも言ったように、すべてのシーズンに共通しますが、水温です。それを目安にすることで動きは理解しやすくなります。

では、春の水温はというと、いわゆる春爆と呼ばれるような、魚がバクバクとエサを食い出すタイミング、そんな春の水温は10度。

要はふたケタに乗った時が春の訪れを感じさせる水温です。**実際は8度でも動きだしますが、確実な目安は10度。**この時に魚が動くシャローというのは、間違いなく越冬場、いわゆるディープ隣接型のシャローです。

これはどのフィールドでも共通しますが、絶対的に近くにディープがあるシャロー。詳しく言うと、シャローからのブレイクラインもしくはシャローの上がりツラのショルダーに乗っかりにくるタイミングですが、いわゆる春の始まりのシャローは、こうしたディープとシャローの行き来がしやすいシャローです。

さらにここでバスはふたつの動きのタイプに分かれます。

シャローに上がって居座るバスと、三寒四温などで水温が下がるとディープに戻ってしまうバスです。前者はオスバスで、スポーニングとはまだ直接関係はありませんが、シャローに強く執着します。後者はメスです。春が始まったと同時に、こうしたオスとメスによる動きの差がでてきます。

続いてのステージは水温が15度前後。この水温になると、同じシャローといっても質が変わってきて、スポーニングを意識した行動になり、オスは必然的にハードボトムのシャローを探し始めます。一方メスは同じ水温でも水温が安定するレンジ、いわゆるサーモクラインに浮いているのが典型で、ボトムにはいません。

これが理解できるとオスとメスを釣り分けることが可能になります。ボトムをズルズル引っぱるフィネスの釣りではオス。中層およびブレイク上を巻くと大きなメスが釣れる可能性が高くなります。

そして水温20度を超えだすと、スポーニングに入ります。いわゆるベッドでペアを組みだす。そういったシャローは単純に日当たりがいいハードボトムのシャロー。これがざっくり春はシャローと呼ばれている3つの段階です。

ちなみに暦で考えると、もちろん地域差はありますが、おおむね3月頭から中旬にかけてが春爆からの第一段階。4月上旬が水温15度前後のオスがボトム、メスが浮く第二段階。ゴールデンウィークあたりが第三段階だと思います。

水温と言いながらもこうして暦でも答えてあげちゃうのがさすがミスターハウツー（笑）。でも春は特に週ごとに季節が移り変わります。それは進む一方ではなくて、行ったり来たりを繰り返すので、水温のチェックは本当に大事な要素になります。つまり、**迷ったら測れ！** は春の正解です。

春の釣り

起こる条件と
潮周りについて

Q.21

もうすぐ春、となると『春爆』という言葉を意識するようになりますが、バス釣り6年めの自分はそれらしい釣果を体験したことがありません。春爆は場所によりけりとまで思っていますが…春爆が起こりやすいフィールドの条件みたいなものがあればご教授いただけますでしょうか？　いつもは霞ヶ浦でオカッパリをしています。

Q.22

プリスポーンのバスを狙いたいのですが、この時期は潮回りが大切だといいます。どのタイミングがベストなのでしょう？

A.21 22

「エサと天候と潮周りで春爆は起こる。新月の大潮がベストです」。

どちらも典型的な春の質問ですが、まずは春爆について。

正直、春爆が起こりやすいフィールドと、起こりにくいフィールドはあります。

要素としては３つ。

ひとつはエサ。

ひとつは天候。

そして最後が潮回り。

おっと、ふたつめの質問にもここで答えるってことね（笑）。

ということですが、これらが三位一体となればものすごい爆発になります。

ひとつめのエサですが、これはベイトフィッシュ、さらに絞り込むとワカサギになります。

なぜかというと、ワカサギはバスよりも早いタイミングで産卵します。そしていわゆるアフターでヘロヘロになってしまいます。そこへバスがエサを食べたい産卵を控えたプリスポーンの状態の時に、ワカサギがヘロヘロでいるとなると…これはもう食べるしかないですよね。

バスだって冬を越して体力がない時なので。

そんなワカサギのさらに食べやすい状態はというと、**爆風もしくはまとまった雨。**これがつまりふたつめの要素の天候です。

例えば爆風。弱ったワカサギは風の当たる岸に寄せられる。もしくはまとまった雨によって流れができて溜まる。さらに濁りによって敵であるバスが見えにくくなる。

バスにとっては最高のコンディションになります。

そして潮回り。これはどうしても地域差は出てきてしまいますが、例えば３月頭の大潮。西日本であれば大注目ですが、東北であればまだリアルではない。

なので一概には断定できませんが、特に寒いエリアでなければ、２月の中頃からの潮回りには注目すべきです。

通常は３月後半から４月の潮を気にする釣り人は多いと思いますが、おそらくそれはワカサギの産卵後という意味が強いですね。

ただ、単純にバスのモチベーションが上がるというニュアンスでいえば、**個人的には２月中旬から３月頭にかけての大潮。**これが冬から春へスイッチするきっかけになります。

さらには新月の大潮でいい経験をしています。

満月だと夜にエサを食べてしまう傾向が強いのではないでしょうか。いずれにせよ、ワカサギ（＝ベイトフィッシュ）に対するモチベーションか、バス自体のモチベーションか、潮にもふた通りあるということです。

ベイトフィッシュへのモチベーションで言えば、３月終わりから４月の新月絡みの大潮がズコーン！と上がりやすい。実にいいですねぇ。

地域差、条件などいろいろあるので絶対ではありませんが、自分の釣りに対する意識をピークに持っていってもいいんじゃないの?と いうおすすめのタイミングです。

まとめましょう。

ベイトフィッシュがワカサギのフィールド。カスミも当てはまりますが、それでいて風が吹く、雨が降る、さらに新月の大潮であれば、『春爆』という現象に巡り合う可能性は高くなるはずです。

ワカサギが居ないエリアであれば、春爆的な爆発は難しいですが、チャンスはあります。

ワカサギは居なくても、温かいまとまった雨が大潮と絡めばスーパーチャンスです。

野池でも河川でも、もちろんリザーバーでもイケイケ状態を味わえると思います。

ただ、これぞ春爆というのを味わいたいのであれば、ワカサギがいるフィールドへ足を運んでください。運も大いにありますが、タイミングが合えば刺激的な経験をできるでしょう。

Q.23 アフタースポーン

探し方、狙い方

プリスポーンで捕食する気のあるバスはだいぶ釣れるんですが、産卵後のバスに手こずることが多いです。その状態のバスの探し方、狙い方にコツがあれば、知りたいです。

A.23

「アフターはメスバス狙い。基本的に難しくはありません」。

いや～まいったなどうも！　と言うのも僕とは真逆の悩みだからです（笑）。

世間一般で考えると、アフターコンディション、いわゆる産卵が終わった後の魚のほうが釣りやすいんじゃないかなぁと思います。

なぜなら産卵で体力を消耗したバスが、いち早く回復するためにエサを食べたがっている状態だからです。

つまりはエサを探している状態。

ですが！　ここが落とし穴です。知っているようで知られていないスポーニング後のコンディションについての状態の違いをきっちり理解できていますか？

その状態としては、大きく分けてふたつ。

ひとつは産卵を終えたメスのバスです。

産卵前にエサをしっかり食べ、直前にナーバスになって産卵をして1日2日経ち、いわゆるネストから離れた状態になる。

ざっくり「アフタースポーン」と言うと「産卵後」ですが、僕的には、このメスのバスをアフターのバスと呼んでいます。

いち早く体力を回復したいエサを食べたい、なんならもう一度産卵に備えたい、こんなアフターのバスは、正直よく釣れます。

なにせエサを探していますから。

ただ体力がないので、河川でいえば流れの強いスポットに入ることはありません。深いところに落ちることもほぼありません。

基本的には水面付近、あるいは岸際など、簡単にエサを獲れる、追い詰めることができる場所にいます。

そこでは、**獲りやすいエサを演出することが重要です。**ゆっくりきっちり誘うアクションですね。ライトリグであればノーシンカー、できればオフセットよりもワッキーセッティング。ネコリグよりもジグヘッドワッキー。ジグヘッドよりもスモラバと、スピードが遅く移動距離がより短いリグが正解になります。

逆にプラグでも、ブリブリ動くクランクベイト、左右に飛ぶようにダートするジャークベイトよりも、水面でゆっくりきっちり動くポッパーあるいはハネモノ。

季節的にはちょっと早いですが虫系なんかが強くなってきます。

以上がいわゆるアフターの場所、ルアー、アクションになります。

そしてもうひとつの状態がポストスポーン。

言葉の意味としてはアフターと同じ、「後」ですが、バス釣りにおけるニュアンスでは「直後」になります。

そこで僕の場合は、メスバスに対するオスバスと捉えています。

つまり、スポーニングを終えてネストを守っているオスです。

オスはスポーニング前の早い段階からボトムを意識し、ネストを作り、ネストを守りつつメスが卵を産み、卵とそれが稚魚になってある程度育つまで守ります。そして、この状態のバスは、基本的にエサを獲る行動は少なくなります。それよりも外敵から卵、あるいは稚魚を守ることに注力します。

ただ、エサは食べないと死んでしまいますので、ネストへの侵入者、具体的にはエビやゴリのような小型の生物を捕食することはあります。

期間的には気候や個体差もありますが、おおむね2週間から1ヵ月。こうしたバスの特徴としては、どうしても卵の育成状況によってネストやネストの周り、ボトムべったりよりはやや浮き気味になります。

さて、そこで釣り方ですが、この状態のオスバスを狙って釣ることは、個人的には控えていることもあるので、回答も差し控えたいと思います。

まとめると、プリスポーンのバスは、時期が進めば進むほどナーバスになって口を使わなくなるので釣りにくくなり、逆にアフターのメスバスはどんどんエサを食べたくなるので、日に日に釣りやすくなる。

比較すると、アフターのほうが感覚的にも間隔的にもイージーかとは思いますので、しかるべき場所でスローでライトな展開をきっちりとやってもらえれば、いままで以上にいい釣果は出せるのではないかなと思います。

Q.24

梅雨

梅雨の晴れ間の釣り方

梅雨の合間の晴れた時の対処法を教えてください。晴れたらカバー狙いを実践していますが、あまり釣れません。

A.24

「晴れたらカバーは正解ですが、どう攻めるかが重要です」。

いわゆる梅雨といえば、一般的には6月から7月の中旬にかけての時期で、バス釣り的に捉えると、特徴として水温が中途半端になります。

地域にもよりますが、具体的に水温は24度前後が平均値。これはどちらにも転べる水温で、**魚はどこのレンジでもポジションでもおかしくない状態。**

これが水温26度を軽く超えるようになると、サマーパターンになって、魚はシェード、もしくは少しでも流れのあるところ、風通しのいいところに集中しやすくなります。そうなると魚を釣る上で的が絞れているので比較的釣りやすい。

しかし梅雨時は、アフターもしくはアフター回復で、魚が泳いでいて絞りにくい。一見イージーに思える時期ですが、よく考えて釣らないと単発は獲れても、まとめて獲ることは難しいかと思います。

そうした水温の季節というのがひとつ。

そして、梅雨の雨は大体が魚の活性を下げることがあるのがもうひとつ。

雨が降って魚の活性が上がるのは、サマーパターン以降の話になります。そもそも雨は水温を下げる効果があって、だからこそ高水温期の雨は釣れるようになる。でもこの時期の雨だと水温が下がってしまいます。

つまりは活性が下がる。それと、田植えが終わって間もないので、代掻き（しろかき）という、極めてよくない水も流れ込みます。そうなると、雨による低水温と代掻きの濁りでダブルパンチの低活性になってしまいます。

なので、インレットは爆発しにくくなり、特に田んぼの水がからむ野池では、インレットなのに一尾もいないということさえありえます。

つまり、**梅雨の雨はイメージに反して、活性を下げてしまうことがある**ということを覚えておいてください。

そこで梅雨の合間の晴れの攻め方ということになりますが、質問にもあるように、基本的にはカバー、シャローカバーは大正解です。そもそもカバーを撃ってイージーに釣れるフィールド自体が少なくなってきていますが、だからこそ季節とカバーの特徴と状況を理解して、丁寧に撃つことが大事になります。

そこで着眼するのは濁り方。**濁りがきついのか緩いのかで攻め方が変わってきます。**

まずは濁りが緩いケース。雨の影響がない、もしくは濁りがとれかかっているのであれば、虫ルアー。もしくはジグヘッドワッキーなどのフォールスピードがスローでサーフェス付近からしっかりアピールできるルアーで攻めること。

カバーというとラバージグというイメージで、一辺倒に投げる人も多くいると思いますがそれはNG。活性を下げる雨の後なので、強くてボリュームのあるルアーをズドンズドンと落とすよりも、ソフトプレゼンテーションの方が釣果は手堅いのです。

逆に濁りが強いケース。そうなると魚が浮く確率はほぼなくなって、ストラクチャーフィッシュに変わった魚に対するタイトな攻め方が必要になります。

とはいえ基本はやはり弱いルアーから入れるべき。カバーの濃さにもよりますが、黒系のスモラバで、シルエットを見せつつボトムまで落として探る。それで気づかれなければ、サイズとウエイトを徐々にアップしていきます。

もしくはカバーの種類に応じて、すり抜けがよくて食わせに近いタイプのルアーをセレクトします。例えばベジテーションであれば、テキサスリグよりもリーダーレスダウンショットリグ。

そんな風に意識ができれば、きっと釣果も変わってくるでしょう。この時期にしっかりと釣っていける人は、そうしたちょっとした工夫がきちんとできる人です。光大郎さんがやっているスナッグレスネコなんかはもいいですね。

あとは個人的に、フィネスアプローチで獲れなかったら、カバーに強いトップウォーターをぶち込むのが最終手段です。移動距離が短くてハイインパクトなトップ。

具体的にはハネモノ、ポッパー、バド系、フロッグなんかで、食わせるというよりは怒らせる。超低活性で食い気がなければ、怒らせるというのもひとつの手段です。

カバーを攻めるだけじゃなくて、どう攻めるかを意識しましょう。

Q.25

田植えシーズン

代掻きの
影響について

金森さんに質問です、今から田んぼの時期に入りますが、バスは田んぼの水を嫌いますか？　もし川に田んぼの水が入っているときはどういう攻め方をしますか？

A.25

「少しでも影響のないスポットで、極端な釣りをします」。

ひと言で言えば、メッチャ嫌います。

僕が●●●●を心底嫌っているように嫌いなはずです（笑）。伏せ字の部分に深い意味はありません（笑）。

基本的にはいわゆる代掻き（しろかき）という田んぼをかき回したときにでてくる濁り、泥ですが、あれは正直超×３マイナスです。

ターンオーバーと代掻きどちらがしんどいの？　と聞かれると、釣果経験的に代掻きなんじゃねぇの、と思うほどです。

土をかき回した濁りというか、泥というか、粒子というと大げさですが、おそらくそれがシンプルにバスのエラには気持ちよくないんでしょうね。

コンディション的にはマイナスにしか作用しません。

そういう意味では雨の濁りとは性質が違います。いわゆる性質（タチ）が悪いってヤツです。

さらにバスの状況でいえば、ポストもしくはアフターで、ベースとして活発ではないタイミングにさらにオンしてしまう要素。つまりは二重苦ですね。

なので、極めてハッピーではないコンディションではありますが！打開策がないわけではありません。

すべての流入から代掻きが入ってくるわけではないと思います（地域によってはそうなのかもしれませんが）。

そう考えると単純ですが、**ノーマルの水が流れ込むインレット、もしくはインターセクション**（合流部）を見つけていくのはまずひとつ。

さらに気を付けるべきは、水が停滞するスポットを選んではいけないということ。アウトサイドよりもインサイドがアウト。

なるべく水が動いて流れていくスポットを選びましょう。

これはフィールドにもよりますが、ウィードが存在するのであれば、それを大事にするべきです。

そういった少しでも代掻きの影響を避けられるスポットを探します。

そして取るべき具体的な手段としては、**徹底的に食わせに特化するか、あるいは威嚇。**怒らせる方向のアピール系のルアーを入れていく。

中途半端なアプローチは一番やってはいけません。

なので回答としては、代掻きは超嫌います。が、釣れないわけではないので、その中でよりベストな場所を見つけて、より的を絞った釣り方できっちり釣りをしてみようということになります。

裏を返せば代掻きが入るフィールドは河川が多いはず。

ほとんどの野池は田んぼに水を入れるための施設なので、色々なフィールドを選べる地域であれば、野池に的を絞って狙ってみるのもひとつの手でしょう。

河川しかないというのであっても、上流は水がオンしますが同時に動きやすい。

下流もある程度停滞はしますが、川幅があれば薄れる。さらに水門があれば動く。

となると、規模や全長によって違ってきますが、中流域は一番厳しいので避けるというセレクトもできるので覚えておきましょう。

ということで、今回は流れる水のようにちょっと淡泊な回答でした（笑）。

Q.26

夏の釣り

ポイント選びの
絶対条件

まもなく梅雨明けして夏本番となってきますね。これからは流れとシェードがカギになってくると思うのですが、そういった要素は誰もがもう知っていると思います。私自身は、このふたつにベイトフィッシュの存在を場所選びの条件としているのですが、ほかにもコレ、という欠かせない条件はありますか？ よろしくお願いいたします。

A.26

「絶対的に安定した水温。つまり、ディープです」。

夏と言えば周知の事実としてのキーワードが「流れ」と「シェード」。

これは不動です。

なので、これを除外するという考えは止めましょう。

釣りはどこまでいっても**自分がその日の状況をどれだけシンプルにきっちりつかめるか**が釣果に直結します。

なのにあえて難しく変わったことひねったことをやろうして大事な基礎をないがしろにするのは避けてほしいです。

ということで、これからする回答は、「流れ」と「シェード」を無視しているわけではないってことを覚えておいてください。

夏のストロングなキーワードはもうひとつあります。それは、ディープです。

夏と冬は意外に真逆でありつつ背中合わせ。実は同じです。

極端な真夏と真冬は、魚が比較的ディープに集まりやすい。それはベイトフィッシュも同じ。

理由は、絶対的な安定した水温がキーになるからです。

冬に冷たい水が停滞するのがディープ。でも低いながらも水温変化が少なくて安定しているのもディープ。

いわゆるお風呂と同じで冷たい水は下に集まる。これはもちろん夏も同じ。

冷たい水は一年中一番深い場所に停滞します。そして、快適さを求める魚にとっては安定する場所になります。

これは河川でも同様で、中下流域、あるいは上流でも水深がある場所は重要になりますし、リザーバーもそう。

野池においてはベストスポットになります。そもそもフレッシュな水の供給がない野池のようなフィールドでは、最も水温が安定してベイトも集まります。

ちなみにターゲットとなるディープというのは、一般的に考えれば10メートル程度ですが、当然10メートル以上の水深になることもあります。

今日もリザーバーで釣りをしましたが（笑）、12メートルでした。

野池で考えれば規模にもよりますが、その池の最深部を狙うことになります。野池の水深はたかが知れてますから。河川もしかり。**最も深い場所を狙うという考えで、基本的には間違いないと思います。**

というように、夏のストロングな要素としては「ディープ」になります。

真夏というシンプルな季節、涼というシンプルなキーワードだからこそ、シンプルに見ていけばディープが選択肢として登場します。

ただし、最初に言ったように、「流れ」と「シェード」の方が、圧倒的に優先順位は高いということは決してお忘れなく。今回はちょっとショートバージョンでしたが、真夏の涼のそうめん感覚ってことでお許しを（笑）。

Q.27

夏のでかバス

サイズを狙って釣るには

毎年、梅雨明けくらいのタイミングから極端に釣れるサイズが落ちてしまいます。小バスは釣れるのですが…狙ってでかい魚を釣るために、どんなことに気を使ったらよいのでしょうか? ルアーなのか、場所なのか、ヒントをお願いいたします!!

A.27

「もっとも条件のいいスポットがヒントです」。

僕の目安では水温26度。

これを超えるとバスは極端な夏型になってしまいます。そうなると魚も人間でも同じです。暑い！　イコール大人はダレる、子供ははしゃぐ。まぁ安いたとえですがそうなります（笑）。

ではどうするか。質問にもあるように、ルアーなのか場所なのか、ということでいえば、答えはズバリ場所！　ただそれは、誰も知らない野池、誰も入っていないリザーバーのバックウォーターという安直な意味ではありません。

ここでの場所とは、夏型になったフィールドの中で、もっとも条件が満たされているスポットだということです。

その条件とは、**夏といえば誰でもがインプットされている、シェード、流れ、風。**

誰でも分かる条件ですが、そこをまずはキチンと把握しましょう。

その中でよりでかいのを釣りたいとなれば、たとえばフィールド全体で、最も濃いシェードを形成しているオーバーハング、最も強く風が当たるウインディサイド、最も流れがあるバックウォーター。そういった当たり前の条件の中でも、その瞬間、そのフィールドの最もいい場所に大型のバスは動きます。

野池なら小規模で分かりやすいと思いますが、要は、その瞬間のもっともいい場所に着目しましょう。

そこで初めて、どんなルアーでどうアプローチするかがクエスチョンになってきます。

オーバーハングのシェードなら、一番濃いシェードはボトムではなく水面。その水面付近の濃いシェードに魚が浮いているのかと考える。

晴れ・ピーカン・無風、落下昆虫はいるのか。いるのであれば当然候補は虫ルアー。いやいやそれはないなとなれば、水面直下からゆっくり時間をかけてフォールできるノーシンカーやジグヘッドワッキーというセレクトになります。

こんな風に、**単純にいい条件ではなく、そこで細分化してよりベストなルアーチョイスをする。**

今はもう、このワームをこのリグで投げれば絶対に釣れるという時代ではありません。

でも逆に、それがいまの時代のバス釣りの面白いところです。つまり、じゃあどうしようか!? という掘り下げが大事になります。

夏に小バスが活発になる中で、どうでかいのを釣っていくか。それを考えて楽しんでください。ラクな答えはありそうでありません。そういう答えを求めると、釣りがつまらなくなります。考えることが面白くて、一生懸命考えた末の1尾は、なんとなく釣った1尾とは違って、すごく価値があると思います。

対生き物なので絶対はないですが、個人の感想としては、でかくなればなるほど、必ずシーズナルに沿って動きます。いわゆるセオリーは絶対に外さない。

その中で、そのフィールドのその瞬間に合わせていかにシフトしていけるか。これが大事です。

質問をくれた方も、〝答え〟ではなく、〝ヒント〟をくださいというので、こんな答えにはなりました。でも、〝答え〟が欲しいというのであれば、それはそれであります。

『小バスが食べられない大きいルアーを投げましょう!』。これですね。さて、どちらが本当により親切でしょうか。

そんなわけで、釣り人としての志の高さはとてもステキだと思いますので、このヒントを元にして頑張って、バス釣りをもっともっと楽しんでください。

ちょっと
ひと息

アングラーが語るカナモリタカシ

川村光太郎

「ライバルとして、彼がいたから僕がこうやってやっていけていると思います」。

かわむら・こうたろう
西のカナモ、東のコータローと称され、霞ケ浦をホームとし、関東のオカッパリシーンをけん引してきたアングラー。自らのブランド、ボトムアップを立ち上げ活動中。

一番不思議でならないのは、なんでこんなにでかいのを釣るのかと。もちろん何やっても穴がない。サイトとかジョイクロみたいなビッグベイトまで、穴がないっていうのは、カナモリタカシっていうのは自分でそうしてるんですよ。

以前ならサイトフィッシングはやってなかったけど、得意でなかったとか。でもサイトがキッカケで（陸王などで）負けたりすると、次の機会までには自分の弱点を克服している。苦手なことを苦手なままにしないで、壁にぶつかったときにテーマをもって克服する努力家なんですよね。だから何をやってもうまいし、どこでも釣る。

実はすごく穴のないアングラー。

天性のモノだと思うのは、でかバスを釣ることですね。

理解しがたいのは、年に数回しかカスミに来ないのに、高確率で50アップを釣る。カスミに通い込んでいるローカルでも無理なことです。それを各フィールドで実践している。そして陸王の本番（試合）で釣る。

　これって持って生まれたモノとしか思えない、理解できないことです。

　もちろん、そのフィールドのマックス級にたどり着く嗅覚と、実際それを引き寄せて釣ってしまう運みたいなものをひっくるめて、僕がもっとも羨ましいと思う部分です。

　あとはライバルとして、彼がいたから僕がこうやってやっていけていると思います。メーカーをやるということも、無意識な部分で引っ張られてますよね。

　それと実は（笑）、非常に優しくて、気を使ってくれます。例えば、岡山に僕が行くとなったら招いてくれて、至れり尽くせりな食事とか、泊めてくれたりとか、イベントのある釣具屋さんまで送ってくれたりとか、気遣いをしてくれている。

　彼の周りの人たちを見ていても、カナモのそういうところに惹かれているんだろうなと思います。

　最初のキッカケはもう10年以上前ですが、『ロッド&リール』誌で、一緒に釣りをしたいという希望があって初めて釣りをしたんですけど、僕が思っている以上にピリピリしてました。その時は僕のほうが壁を感じましたね。

Q.28

秋の釣り

巻き物がいいと
言われる理由

秋は巻き物の季節と言いますが、なぜなのでしょうか？適水温に近くなって魚が動くから、とよく聞きますが、自分の場合、結局日中は撃つ釣り中心で魚を手にしていることが多く、いまひとつピンときません。日中でも巻いたほうが良いのでしょうか？　それともやはり、ローライトや風など、条件が揃わなければ巻き物は難しかったりするのでしょうか？　カナモさんの経験で感じたことを教えてくださいませ!!

A.28

「秋バスの状態にマッチするから。でもそれは巻き物だけじゃありません」。

秋は巻き物…です。

た・だ・し！　それがすべてとは言いません。ではどんな要素が影響するのか？

まずは、フィールドの規模によります。

より広大なフィールド。一級河川であったりリザーバーであったりフラットレイクであったり。もしくは周囲1キロ以上の野池など、規模の大きいフィールドであればあるほど、秋の巻き物は絶対に外せない要素になります。

では、なぜ巻き物なのか。

それは質問にもあったように、**適水温に近づくことによって、ベイトが散らばるから。**いわゆる夏はベイトもバスも極端にいえば偏っている季節なので的を絞りやすい。つまりは条件がそろったスポットにグッと集結するということです。

が、秋は適水温に近づいてベイトは散らばり、さらにそれに着いてバスも各々散らばります。もちろんスクールを組んで動くこともありますが、基本的にベイトが散らばるからバスも散らばる。

さらにいえば、ベイトがフラットに着きやすくなる。そんなフラットをワームでシコシコ狙えるかといえば、キリがないですね。だからフラットエリアなどでは、巻き物じゃないと拾いきれない。ということから、効率のいいハードベイトの巻き物で釣っていくのが秋のセオリーになります。

しかし、小規模のフィールド、特に野池などでは、秋だからといって巻き物がメチャメチャ釣れるわけではありません。規模が小規模になるほど、魚は居着き型になっていくのが理由です。

つまり、存在するベイトがおおむねギル、ザリガニ、エビなどの、行動範囲が狭く回遊性が極めて低い。野池ではそうしたベイトがメインになるので、必然的にバスも動かなくなる。だから巻き物は絶対ではなくなります。

一方、リザーバー、フラットレイク、一級河川などでは、細身のオイカワ、アユ、ワカサギなどの動きが早く行動範囲が広いベイトがメインになる。そしてそれらが散らばるとなれば、バスも動かざるを得ない。だから巻き物が生きてくる。

つまりはベイトとの関係です。適水温になってベイトもバスも動けるようになる。そこでメインとなるベイトが動けば動く。しかし動かなければ動かない。**動けば手返しのよさが重要になるし、動かなければピンを撃つ。**極めてシンプルな構造です。

そうした理由で、秋だから巻き物を一日投げていればいい釣りができるかといえばそうとも限りません。

基本的には、そのフィールド、そのスポットにマッチしたルアーを秋の季節感を織り交ぜつつ釣りをするのが大事になります。

では、秋は適水温になるという、その秋がいつからかだということにも触れておきましょう。

早いタイミングの秋、水温が夏型に近い秋であれば、まだワームのナチュラルドリフトのようなスローな釣りが強いこともあります。例えば広大な川の瀬のような場所であれば、スピナーベイトよりもノーシンカーをタラタラ流す方が食ってくる確率は正直高い。

突き詰めると、適水温って何度!?ってことになりますが、個人的には24度を基準にしています。

24度を切れば秋、超えていれば夏の傾向がまだ強い。

そこで核心ですが、巻き物は20度を切ってくることがキー。

さらにいえば、**20〜13度が一番巻き物が強くなる水温ですね。**

以上をまとめると秋は、

・フィールドの規模

・メインベイト

・水温

この三要素を考えれば、おのずと何をするべきかが見えてくるでしょう。

Q.29

秋のルアーセレクト

秋バスが食べたいルアーのサイズ

秋はデカいルアーが効くというのは本当でしょうか？

A.29

「本当ですが、フィールドによります」。

シンプルな質問ですが、ズバリ、本当です！　が、た・だ・し！というところですね。

つまり、リアルなことを言うと限定的。

何が限定的かというと、フィールドです。

まず結論、野池は関係ないと思ってもらって結構です。野池だと逆に成立しないですね。**ヘタにルアーのサイズを上げると釣れないことが多いです。**

しかし、河川やリザーバーではサイズを上げた方が釣れます。さて、なぜでしょうか？

正解は、単純にベイトの種類です。

野池のベイトはフナ、ギルなどが多いですが、これらは回遊性が低く、一年での成長速度がそれほどではありません。なので、基本的にはリンクしません。しかし、アユ、ハス、オイカワなどがメインのフィールドであればルアーのサイズアップは有効です。ただ、同じく細長くても、ワカサギの場合は少し違っていて、有効度は落ちます。やはりこれも成長率が低いからです。

つまりは、**ベイトフィッシュの種類ごとに成長の限界値があるということ。**それが大きなベイトであれば、大きなベイトを求めてバスが捕食に入るので、その問題になります。

成長率が高いベイトがメインのフィールドであれば、ベイトが成長する秋は、ボリュームがアップするので、でかいバスになればなるほど一回で捕食して満たされるサイズのベイトを追いかける。

その典型的な例が落ちアユパターンですね。

アフターの時期に稚アユだったのが、夏に上流に上がってコケをよく食べて強い流れに乗って泳いで、それが秋に落ちてくるのを待っている状態ですから、バスは狂ったように反応します。フィールドによってサイズは違いますが、リザーバーや湖なら大きくても15センチ、河川ならものによっては20センチ以上になるので、確実に大きなルアーが効くようになります。

ということで、マッチザベイトの条件がリンクするフィールドなら◎、もしくはハナマル。

でも普段野池に通ってるよ！　となれば逆で、水も悪くなるし、大型のベイトもいないので、効率のいいルアーでバランスよく釣るべき。なので、個人的には△ではなく×ですね。そんなわけで、質問と同じく回答もシンプルにしてみました。

Q.30

ターンオーバー

判別法と対処法

よく、秋になるとターンオーバーの話題になりますが、そもそも表層と下層の水温差がない、浅い皿池でもターンしたりするのでしょうか？私のホーム野池で、バズベイトなど表層の巻き物を通した後に泡が消えずに残るとターンなのかな、と思うのですが…しかも、そういう時はあまり釣れないような気がしてます。カナモさん流のターン克服術を伝授してください!!

A.30

「逃げ場のない皿池では、徹底したインパクトか食わせの二択」。

これはもう秋のド定番の悩み。毎年秋は来るので避けられません。

でも、釣れないからや～めた！　ではもったいなので、どう釣るか。ターンも楽しんじゃおうってノリで、嫌いではありません（笑）。

まず、浅い皿池でもターンはするの？　ですが、これは野池の場合は、水がひっくり返る意味のターンオーバーではなく、さらに始末に負えない状況が起こります。それは何か？

夏の間の高水温かつインレットの流量が乏しいとなると、アオコの大量発生。それが沈殿してかき混ぜられる。ある意味ターンと同じですが、浅いからターンしないではなく、**浅いから夏の間に水が悪くなって、それが全域に浸透するということです。**これがタチが悪い。

例えば野池ではないビッグフィールドであれば、もっとイージーに考えようと言えます。全体がターンしているように見えて、必ず生きている部分が出てくるという考えです。

シャローの風当たりがよくてウィードが絡むエリアやしっかり流れ込んでいるインターセクションなどなど。こうした生きてくる場所にはベイトもバスもストックされます。ある意味夏の延長線上。一か所に固まっているから的は絞りやすくなる。これがビッグフィールドでのターンの攻略法ですね。

うまくいけば釣りやすいし、ターンも悪いことないよね！　となる可能性は高いです。

しかし！　水が動かない野池ではめっちゃしんどいです。

秋のターンで一番苦しくなるのが逃げ場のない皿池ですが、こうなった時にどう攻めるか。この状態ではふたつにひとつ。

徹底的にインパクトを与えるか、徹底的に食わせるか。

このメリハリが大事になります。普通のことはしない方がいい。強い弱いをはっきりさせる。

食わせの場合、皿池はストラクチャーも変化もなくプアなので、階段であったり護岸の切れ目だったり、キーとなる場所で、秋なのにこんな釣り!? と思うような食わせに徹すると。魚のコンディションはかなり落ちているので、食わせ、スローな釣りです。

そして真逆の強いインパクト系の釣りは、岸際やシャロー中心に撃ち込んでいく。沖は無視します。

秋は散らばるのでは？ という声も聞こえますが、**バッドコンディションの魚はそこまで動けません。**身を寄せられてかつエサを食べられる場所は、岸際のちょっとした変化にあります。まぁ沖にスペシャルなウィードなどがある場合は別で、無視せずそこをきちんとやりましょうって話ですが。

岸際の目に見えるあからさまな変化にはフィネス。

インビジブル、岸際、シャローはインパクト系のトップがマストです。

中途半端なことをやって食うこともありますが、確率は低い。

だったら的を絞ってやり切ろうと。逆に魚が散ってないと信じて攻めた方が釣果に繋がりやすいはず。

いつまでも続くものではなく、いっときのことなので、水が良くなるまで（こういう池では明らかに水がクリアアップしてくるはずです）は、こうした考えでやっていけば、いい釣りできると思います。

Q.31

晩秋の釣り

狙うべき時間帯について

秋から冬の時期は、冷え込んだ朝マズメより午後～夕マズメのほうがチャンスになってくるのでしょうか？

A.31

「状況によるので、マッチするフィールドを巡りましょう」。

即答したいのですが…なんともです。

ケース・バイ・ケースになりますが、基本的な考え方としては、冷え込んだ朝イチよりも、特に晴れるのであれば、少しでも水温の上がる午後の方がもちろん可能性は高くなるでしょう・・・でも、それはあくまで基本的な考え方です。

というのも、**朝マズメの方が釣りやすい条件というのも出てきます。**

単純に朝マズメはオールシーズン釣れる確率は高いですが、それは冬にかけての時期でもそうで、なぜかといえば、これから寒くなるほど低水温になります。

低水温になると水はクリアアップする。そうして太陽が当たるとバスは日差しをより嫌う傾向があります。

なので、日中になると食いが渋くなる鈍くなる。つまり晴れる日であれば、一番のローライトが朝マズメなので、朝マズメの方がいいというのもひとつの考え方です。

それと、冷えた朝のタイミングは、冷えから逃げられる、もしくはプロテクトされた場所に居たがる傾向もあります。

オーバーハング、もしくは草、橋脚の下。**いわゆるお風呂のフタ状態が作られている場所。**そうした水温が下がりにくいスポットで、朝の水温が上がらず、フィーディングに入らない、入りにくい魚はじっとしている。

そうなると、逆に絞りやすいということも事実です。

これからドンドン冷え込んで水がクリアアップしていく中でも、パッと考えただけでも、以上のような理由で、朝マズメのメリットは考えられるということです。

逆に水温が上がっていくにつれて良くなっていくフィールドもあります。

それは、特徴のないプアなフィールド。例えば皿池なんかは分かりやすいですが、そういったフィールドでは、先ほど言った冷え込みから逃げられる場所も少ないはず。

そうなると、朝マズメでも食い気が立つ一瞬しか狙いようがない。

でも水温が上がってくれれば、比較的釣りやすくなります。

さらに条件を付けるとすれば、そのフィールドの水が、クリアアップしておらず、水にまだ多少なりとも色が残っているステイン。もしくは冬にはほぼほぼなくなりますが、マッディなフィールドでは、朝イチパワーは鈍くなるので、**水温の上がった午後の方が可能性は高いと言えるでしょう。**

総括すると、朝マズメはクリアアップしているフィールドもしくは、お風呂のフタ状態が存在するフィールド、エリア、スポットに行くべきで、昼過ぎからは水の色が残っているフィールドもしくは、シャローフラット、皿池などの特徴のあるフィールド、エリア、スポットに行く。

これがいわゆる冬の時期の理想的なタイムテーブルになるでしょう。一日を無駄にしない計画も立てられたところで今回はこの辺で（笑）。

Q.32

冬の釣り

釣るための
絶対条件

金森さんが考える〝冬の釣りを制するキーワード〟があれば、理由とともに何個か教えてください！

A.32

「冬でもエサは食べます。だからベイトの種類と居場所、そして時合いです」。

ここ数年、口にしてきた冬のキーワードは…ベイトです。

実際釣りをする、あるいはしようとするフィールドのベイト。それが冬にどこに溜まるか。ズバリそれがすべてと言ってもいいでしょう。

野池であれば稚ギル。

リザーバーならワカサギやオイカワなどの小型ベイト。

もちろんギルも含まれますが、**キーはいずれも小型であること。**

水温が低下するにしたがってバスの意識は大型ベイトから離れます。具体的には水温10度を下回れば、意識はグッと小型ベイトにフォーカスされます。

その小型ベイトがどこに溜まるか。

特に野池であればベイトも動かないし、その周囲にいるであろうバスも動きません。なので、その溜まるスポットを見つけられた時点で、「この冬はお世話になりま〜す！」状態です（笑）。

一方、河川やリザーバーのようにバスに体力があって回遊性がもともとあるフィールドでは、正直野池ほどベイトもバスもロックしません。

あくまで条件を満たしているスポットの周りで、人間が思っている以上に動いています。それでもやはり重要なのはベイトが溜まりやすい条件を見つけること。

冬だろうがバスはエサを食べないと生きていけないので、エサとともに動いています。

そんな**エサがどこでどういう状況にあるかが、いわゆる冬のキーワードです。**

以上、〝ベイト〟がキーワードその1だとすれば、その2は〝時合い〟です。

野池はモロに当てはまりますが、時合いをどう当てるかが重要になります。

もちろん野池だけではなく、河川やリザーバーでも一緒。

魚がもともと活発に動かない季節なので、食い気が立つタイミング（＝時合い）を知っているか知らないかでも釣果は大きく変わってきます。

なんだ、結局時合いかよ〜！　と言う人もいるかもしれませんが、どこに投げても釣れるわけではないし、何を投げても釣れるわけではありません。

時合いが起きやすい場所、時合いをモノにしやすいルアーは存在するので、そこを理解した上で、狙って時合いを当てにいくのか、たまたま時合いで釣れちゃったのかでは大違いでしょう。

うーん、でもそれよりも冬はリアクションでしょう！と言う人もいると思いますが、**ここ最近、個人的には実はアンチリアクションです。**

リアクション（と思われる行動）も時合いの恩恵を受けていると思っています。リアクションのように細かく刻むことでバスが口を使うタイミング、つまり時合いに当てていくことができるので、そういう意味では時合いのほうが重要だと考えています。むしろ、そこで大事になるのがただ巻きです。

冬はどうしてもリアクションを意識してメタルバイブをシャクりたくなりますが、効率を考えればただ巻き、ストレートリトリーブです。

一投に時間がかかるリフト＆フォールよりも短時間で当てられます。

なので最近はただ巻きの精度、思ったレンジを思ったスピードでコントロールして通せるかを意識することで、時合いでしか口を使わないハイクオリティの魚を狙っています。

とはいえ冬なので、必ず獲れるとは限りませんが、複数回の釣行があれば獲れているのも事実。冬は特に不確かで数少ない時合いを意図して当てていく作業を意識してやるべきでしょう。

以上、〝ベイト〟と〝時合い〟のふたつをしっかり理解して釣行できれば、厳しい冬とはいえ、釣果的にだけではなく、内容的なクオリティも上がるはずです。

Q.33

越冬場

低水温下での
バスの居場所

ずばり!、越冬場ってどういうところを指すのですか?
野池、河川、湖、いずれの場所を教えてください!

A.33

「基本はディープですが、なぜディープなのかを考えましょう」。

まずはシンプルに**越冬場とは、水温が最も安定する場所ということです。**

小規模なフィールド、すなわち野池で考えると分かりやすいはず。

野池のシャローはものすごく水温も下がりやすい一方、天気がよければ上がりやすいスポットです。もちろんディープよりもシャローの方が水温は圧倒的に上がります。例えばその池で一番のディープの水温が7度なら、シャローは、朝は3~4度でも日中は8~9度に上がるように、シャローの水温の振り幅はまぁ広い。でもディープは7度で安定している。

ここで大事なのは季節。もっと言えば冬といっても11月と1月では大きく違ってきますが、いわゆる厳寒期であればあるほど、やはり**ディープのほうが圧倒的に水温は安定します。**

そこで、冬はディープ。ということがよく言われています。越冬場＝ディープというのは、ハズレもウソもない結論です。と、これが一般的かつ教科書的かつ無難な回答ですね（笑）。しかしながら例外があります。

その例外がよく起こりうるフィールドはどこかといえば、もっとも小規模な野池です。

もちろんリザーバーや湖、河川などでも例外はありますが、いわゆる確率論として例外でしかありません。しかし野池は意外にディープが鉄板にならないことが多くあります。

冬はディープというのは、いわゆる広大なフィールドで釣っているトーナメンターやボーターからのアンサーで、それはそれで正解ですが、オカッパリ、特に野池となれば例外が成り立ってしまいます。ある意味ここをビシッと答えられるのは、カナモリタカシしかいない！（笑）ということで、

野池の越冬場は、タイプによって思いっきり変わります。

山間型、切り立った小規模リザーバーのような野池であれば、間違いなくディープです。深くて水温が安定する場所。特に山間型の野池は水がきれいなので、シャローは見た目から皆無であることがわかります。これはリザーバーとほぼ同じと考えていいでしょう。

ところが、一般的な野池のバスは人間の生活習慣病と一緒で（笑）、ストラクチャー固執型なので、たいして水深もないのに、通年釣れるストラクチャーが存在します。それはなぜか。

野池は他のフィールドに比べてプアだからです。

ストラクチャーに乏しい。特に皿池になるほどそれが顕著で、ディープに行ってもいいけど、行ったところで何もない。

リザーバーはディープと何度も言うのは、ベイトが豊富だからです。ベイトがディープに落ちれば、地形的にゴージャスじゃなくても着いていく。

ただ、野池はエサが乏しいフィールド。そんなフィールドで、沖の何もないディープに行ってどうする？というのが答えです。

水温が安定しているだけで居心地はよくないし、エサもいない。つまり、バスが越冬するには適していないということです。

野池では、稚ギルや小ブナのような小さいベイトを捕食していますが、そういった小さいベイトはディープに落ちることができない。そこで越冬場として考えないといけないのはシャロープラスなにか。

野池は、リザーバーやフラットレイクのような大規模フィールドにある共通点がなく、ひとつひとつに個性があるので、コレというストラクチャーがないのが野池の面白いところでもあり難しいところでもあるんですが、僕が以前から言っている、「労せず食せる場所」。

野池のバスにとって、動かずして近くにベイトがいて、身を構えられる場所こそが越冬場になります。いいカバーがあれば当然そこになります。

例えば皿池のようなザックリとしたフィールドでカバーもないとなれば、一番ディープに近い変化のある護岸沿い。そこに劇的に集中します。

実際、この冬練習に通っている野池も皿池で、規模は大きいんですが、一箇所だけ護岸の落ち方が違うスポットがあります。そこがアウトレットに近く、ディープにも隣接していて、岸から1〜2メートル離れたあたりで釣れる。さらにそこから5メートル離れると水深もありますが、釣れるのはそこだけ。

それだけディープ隣接のちょっとした変化に魚はコンタクトしやすいということです。

小さいベイトはその変化に集結して越冬しようとしている。そしてバスはそこから少し離れた場所にいて、エサを食べたい時にだけ上がってきてパクパクと食べてスッと戻る。

このように、野池は特殊なフィールドなので、ディープだけが正解ではないということも覚えて欲しいし、その野池でスペシャルなスポットも探すべき。

いわゆる魚が季節に関係なくこだわってしまうスポットを、自分が通っているフィールドで気にして見ていけば、冬だからといってそれほど困ることはないはずです。

越冬場は、以上のような基本的な考えプラス、野池では例外が成り立つよと頭に入れて探していくのがベストですね。

最後にひとつ。**流れのある河川でも基本は同じで、ディープ隣接。インサイドよりもアウトサイド。**アウトサイドでも少しでもストラクチャーがあって流れを避けられるスポット。それでいて水深があって水温も比較的安定している場所が一般的な越冬場です。

でも河川にも例外はあって、そこにベースを置きつつも、目を配るべき場所があります。

それは、すべての河川に共通しているわけではないんですが、インレット。あるいはインレットの機能を果たしている水門です。それはなぜか。

田畑や住宅街から流れてきている浅くゆっくりジワジワ流れるインレットは、本流よりも温かいことがあるからです。

また、冬は水中の微生物が死んでクリアアップしますが、雨が降れば濁りがまず入ってくるのもインレットです。

濁りはバスにとって捕食を意識する要素としてプラスに作用します。こうしたちょっとした変化のあるインレットにからむ小さなベイトは多く、いいバスが近くに陣取っていたりします。

ただし、ディープ隣接や越冬場の最寄りにあることが大事で、いかにいいインレットでも、広大なシャローの奥にポツンとあれば、そこは無視してかまいません。

いわゆるどんな河川でも、冬の有名ポイントがあるはずなので、その近辺にあるインレットを探してみて、ベイトの有無や地形を確認するのはありでしょう。

このように、越冬場の基本的な考え方をキチンと理解して、自分が通っているフィールドの特徴にどう当てはめるかが重要です。

Q.34

冬のでかバス

居場所と狙い方

ビッグバスを釣りまくりたい！…とまでは望みませんが、できればサイズは選べるようになりたいな～と思っています。この冬の時期にランカーサイズが着くエリアやストラクチャーなど、ヒントをください！

A.34

「釣れればおのずとでかいのが冬。冬でもバスはエサを食べます」。

でかバスを獲りたいということですが、こと冬であれば、おのずと釣れるサイズは選ばれてしまいます。

それもお望み通りのビッグバスにです。

質問にあるように、エリアやストラクチャーでも実際にサイズを選ぶことができますが、冬であればもう食ってくるサイズはほぼほぼ決まってきます。

よっぽど条件が良ければ小バスも反応するエリアやストラクチャーはありますが、**基本的には釣れればでかい。**

それは水温が下がっていくにつれて魚と人間の決定的な違い、変温動物か否かによる動きの違いが出てくるから。人間は基礎体温が決まっているので寒くても動けますが、魚は水温が下がれば体温も下がるので動けなくなります。

事実、冬のバスは冷たいです。

それくらい環境に準じたコンディションになるので、特に単純に体力のない小型の魚は動けなくなります。冬眠ではありませんが、ジッとして動かない動けない。なのである程度サイズが大きくてコンディションが良い魚じゃないと動くことができません。

とはいってもシーズンと同じように常に動き回っているわけではなく、**ジッとしている間にも動くタイミングがある**というニュアンスで、付け加えると大きくなればなるほどその頻度は多くなります。

ではどんなタイミングで動くかというと、エサを食べるためですが、まぁ個体差はあれ、おおむね動けるサイズと動けないサイズが分かれてしまうので、サイズの釣り分けは冬に関しては難しくなります。

個人的にはあまり好きではありませんが、いわゆる大きいルアーを使えばサイズは大きくなるという考え方も冬には当てはまりません。

エサのサイズを選んで食べることまではできないので、**ルアーは小型でかつ繊細に動くタイプが**

ベターになります。

とはいえ冬に釣れるエリア、釣れにくいエリアはあるよね？　と言うのは正解で、それはどこかといえば、そのタイミングに旬のエサが溜まる場所です。

動けるサイズのバスは捕食しているので、やはりエサに対する意識は高くなります。逆に考えればエサが溜まる場所さえ絞り込めれば、サイズに関する絞り込みはする必要はないということです。

ではそんな場所はどこか？　最も分かりやすいのは**河川の消波ブロックです。**

水温が低くなれば水質がクリアになる。クリアになればバスは太陽光を避けたくなるのでシェードが欲しい。さらに流れもある程度緩和してくれる。おまけに消波ブロックはほとんどがアウトサイドにあるので水深もある。となればベイトも集まってバスも集まります。

野池では稚ギルが溜まる場所。

それが階段であったりちょっとした落ち葉が溜まりやすい水抜き施設の周り、あるいは護岸の変化などなど。そんな場所の周りにはバスが居て、動けるタイミングに捕食をします。そこを逃さないように狙いましょう。

このように、そのシーズンの食物連鎖のど真ん中を突けるエリアで、そのエリアに合ったルアーを適切に選んで釣ることができれば、基本的には冬でも夏でもでかバスに近づけると思います。

特別
Q&A
2

【ルアーマガジン編集部員がカナモに質問】

Q

過去、最もインパクトに残った企画は何ですか？（自分が取材対象だったものでも、他のアングラーのものでもOKです）

A

「陸王!」。


パッと思いついたのは、ルアマガさんの企画じゃなくて申し訳ないんですが、ロドリでコータローさんがやっていた『最強弟子』。

釣り人が知りたい釣り人目線から突いた質問で、突いた答えが返ってくるという。

釣りのスペックが高い、理解力の深いコータローさんだからこその質問で、相対するアングラーの答えも引き出せて、それでいて自分でも新しいスペックを身に着けられる。

これはすごいというか、うらやましい企画でした（笑）。

あとは陸王。

現在のオカッパリのステージを上げましたね。自分が出ているのを抜きにしても、そういう意味でもすごい企画です。

あとは自分が出た企画全部です（笑）。

第3章 フィールド編

野池、河川、リザーバーにマッディシャローと、バスが住む環境はさまざま。そしてその環境を釣り人はフィールドと呼び、遊ばせてもらっています。そんなフィールドごとのバスの特徴や釣り方をレクチャー!!　さぁて次はどのフィールドに行こうかなぁ（笑）。

金森隆志の岸釣りQ&A50

Q.35

バスの性質

フィールドによる違い

金森さんは、青木さんとの2018年艇王終了時の対談で、片倉ダムのバスの癖について少し語っていましたが、フィールドによってバスの性質というのは変わってくるものなのでしょうか。もう少しその辺について詳しくご教授願えたらと思います。

A.35

「変わるからこそ、そのクセを見抜くスキルが釣果に直結します」。

ちょっと厳しい言い方かもしれませんが、結論から言うと、キリがありません（笑）。

そしてもうひとつ、それを見抜くのが釣り人のスキルです。

少ない時間で自分で精査して見つける。それがバス釣りにおける一番大事な力です。

タックル、テクニック、それは最後の仕上げで、魚を釣るとなるともちろん重要ですが、釣りをする大半の人が力を入れ過ぎだと思います。

それよりもフィールドのどこにどんなバスがいるか。つまりクセがあるのか。

つまりは、知る力です。

これはバス釣りだけではなく釣り全体。もっと言えば仕事でも勉強でも同じ。**知るというのは未来を見る力。マニュアル通りにやるのは単なる作業ですね。**

見つけること、知ることこそに個人のスキルが発揮される。

とは言っても難しいことではありません。普段から意識するだけで変わります。

それは、知る上での物差しがあればいいだけのことです。

そのひとつがエサです。

そのフィールドのメインになるベイトは何か。もっと言うと、エサによって魚の動き方、居場所は変わります。

例えばブルーギルがベイトならどうなるかを考える。どこにいてどう動くか。エビならどうか。ワカサギならアユなら。それが第一歩です。

そして環境。

そのフィールドの広さ、深さ、流れの有無、水質。それが変化に対して強いか弱いか。水温が上がりやすいか、水が濁りやすいか。

いわゆる衣食住。人間みたいな衣はないですが（笑）、食と住は必須です。

世の中でメガヒットと呼ばれる商品（アイテム）がありますが、それって必ずユーザーのニーズのインサイドにあるものです。ユーザーは明確には意識してないけれど、意識下で絶対に必要なものが売れます。そのために作り手は、ユーザーが意識しないような、でも求めているものについて考える。

いわゆるマーケティングの理論ですが、釣りに置き換えるとユーザー…じゃなかった、魚が求めているものですね。

それを理解しようと思わないと、狙って獲ることはまずできません。

なので、僕がとにかくフィールドに立って気にするのはこのふたつです。

・ベイトが何か。

・どういうフィールドか。

場当たりの訪問営業では身に付きません。効率よく釣るには傾向を知る（リサーチする）こと。仕事と同じです（笑）。

そして最終的に合わせるのはルアー、リグでの確認作業。

ギルを食っているのであれば、この地形に居てこう追い詰めてこう捕食する。それが分かれば自然とルアー、アプローチは分かるはずです。

さらにここまで分かってからもうひとつ加味するのが密度。魚が多いのか少ないのか。

それによって攻めるエリアや攻め方が変わります。

魚影が薄ければ効率の良さ。

例えばハードベイトで広域からテンポよく探ってみる。

逆に魚影が濃ければ精度。

いいアプローチを繰り返すことで釣れる魚の数が増える。数を釣ることで絞り込んでよりいい魚を獲ることができる。

そういったことを繰り返すことでフィールドを見抜く。

要はこれこそが釣りです。

最初に戻りますが、フィールドによってクセは違います。それをいかに短時間で見抜けるようになれるか。そのために必要なことを忘れないでくださいね。

Q.36

野池

皿池の
一級ポイント

皿池型野池の一級ポイント教えてください。地味な質問ですみません。

A.36

「自分しか見つけられない小さな変化です」。

シンプル・イズ・ベストなクエスチョン！

きっと後に尾を引かない、竹を割ったような性格をしているのでしょう（笑）。

僕はそういう性格の人が好きなので、親切に、かつこちらもシンプルに答えます（笑）。

自分しか見つけられないポイント。

ズバリ、それが皿池の一級ポイントです。

皿池は、例えば山間部の野池にあるような急なブレイクやレイダウンやティンバーのように、目に見えるあからさまなポイントは多くありません。だからこそ、皿池の釣りで問われることは、**ちょっとした変化を理解できる力で、釣り人の理解力を試されるフィールドでもあります。**

ただ投げて巻いて釣れたという出会い頭ではなく、ここにこういう風に居る魚をこうしたアプローチで釣っていこうと考えられる人は、かなり釣りのレベルが高い人です。

どんな魚でもそうですが、ストラクチャーが持つ意味合い、ひとつのストラクチャーに対して多角的に分析してそこから引き出せる、結果それが自分にしか分からないストラクチャーであればあるほど、他の人からはアプローチされない一級ポイント、まさに自分だけの一級ポイントです。

例えばインレットやアウトレットのような、誰が見ても分かるポイントではなく、よくよく偏光グラス越しに見たら、黒っぽい影がある。そんな見落としがちなウィードを見つけることができれば、そうしたスポットこそが劇的に魚を集めます。

そんな風にちょっとした変化を捉えられれば、人よりも釣れるのが皿池。

逆にいえば、それを見つけられなければ難しいのも皿池。

だから皿池は、釣り人のレベルによって好き嫌いが分かれてしまいがちです。

そんな皿池の中でも、ほぼほぼ人工的である皿池は、ボトムが掘られていたりと、調べると変化があったりします。もしくは何かが沈んでいます。

例えば池を作ったときの護岸のコボレなどもそうですし、よくないことですが、不法投棄のゴミもそう。

そうした小さな変化をキッチリ探っていくことが大事になります。

補足の要素としては、水質。

クリアかステインかマッディかで、その変化の意味合いが変わってきます。

マッディの方が小さな変化でも重要な要素になって、魚が着きやすくなります。

逆にクリアな水質になるほど、魚は泳ぎたがるので、意外に生きてこない。そうなると、ボトムをズルズル引くのではなく、天候やライトコンディションに気を配って、ルアーを泳がせて回遊のバスを狙っていくのがセオリーになります。

変化を探るには、当然目で見る、次にある程度飛距離を出せてスタックしにくくボトムを感知できるリグ（テキサスリグなど）でサーチする。

もしくはバイブレーションやスピナーベイトで沖の中層を探ってみる。

といった方法がありますが、そういうちょっとした変化を探して、見つけ出せたら…そこから先の釣り方は、それぞれみなさんが信頼するパターンでガンガン攻略してみてください。それが皿型野池の楽しみ方です。

野池

晩秋・初冬の
チェック要素

Q.37

冬の手前のような季節の変わり目の、野池の攻略法を教えてもらえればと思います。

Q.38

晩秋から初冬の時期を迎え、水温は10度前後といったところなんですが、この時期金森さんが野池に立った瞬間フィールドのどこに注目し、どんな攻め方をしていきますか？

A.38

「水温がまず大正解（笑）。それと水のコンディションです」。

これは、どの季節にもある質問ですが、この時期に関しては、めちゃめちゃい〜い質問です（笑）。季節の変わり目においての水温と、その水温を元にどう釣るかに気を向けられているのはいいことですね。

特に、この時期の水温を考えると、実は一番難しいのが野池です。

というのも野池は河川やリザーバー、フラットレイクと比べると規模が圧倒的に小さく、着目したのが水温10度前後ですが、実はこの水温でも、フルターンではないにせよ、ターンオーバーが起きます。そう、このタイミングに、です。

春先に三寒四温がありますが、この時期でも春ほどではないですが、暖かい日と急激な寒波が入る日があって、寒暖の差が激しくなります。そして、パッと見は分かりにくいんですが、水が悪くなることがあります。

だから、質問にあるように、**何に注目するかと言えば、水のコンディションが回答になります。**

見た目では分かりにくいですが、ひっくり返っていることがあります。

寒波が入って急に寒くなった、いままで12、13度だった水温が8、9度に落ちた。でもそこからまた天気のいい日が3、4日続いた、となると、野池のような浅くて狭いフィールドは、水温の低下も早ければ上昇も早い。

きちんと太陽が当たる野池であれば、8、9度に落ちた水温も、また12、13度に戻ってしまう。

この水温の振り幅の影響はとても大きいです。

10度前後とひと言で言えば、8度でも13度でも10度前後ですが、数日間で水温が4～5度上下することがあれば、水がひっくり返ってしまいます。

そして、ひっくりかえるとこれが実にやっかいで、ある意味1年を通して野池でワームが一番釣れなくなるのがこの時期です。

よほどスペシャルなコーナー（角）で、ストラクチャーでコンディションでというスペシャルな条件が整っていればワームでも釣れないことはないですが、基本的には起伏の変化、ストラクチャーが乏しいのが野池なので、超ピンのピンでいいスポットを押さえてないと、ワームをやりきるのは非常に危険です。

その原因は先ほど言ってるように、大きな水温の変動。

先週の話ですが、朝が6・6度で冷たかったです。でも、日中は11度まで上がりました。

この大きな変動が起きやすいのが11月中旬から12月中旬にかけて。

この変動がなくなって低い水温で安定すると、それが冬になりますが、そうなってやっとワームが釣れるようになってきます。

さて、ではどう攻めるか。

大きな水温変動で水が悪くなると、食性が極めて低くなります。

バスの活性が、低水温だけではなく、水質悪化という要素がもうひとつ乗ってくることでよりタフになります。

釣り人はタフだからと余計フィネスをやりたくなる。

でもフィネスは、バスがエサを食いたいと思って口を使う釣り、なのにバスはそうは思わない。

それでも一日の中でグッと食い気が上がる瞬間はありますが、その一瞬はフィネスでは捉えきれない、間に合わない、探りきれない、拾いきれないというワームのデメリットに残念ながら合致してしまいます。

ではどうするか。

食いが立つその一瞬を逃さないためには、巻ききらなければなりません。

最近現場に出ましたが、1日目に巻き切っていい釣りをしたので、次の日に同じフィールドで徹底的にワームをやろうと、この理論を検証しようと思ったんですが、やっぱりまったく釣れませんでした。

4時間やって20センチくらいが1尾だけ。

これはイカンと思いつつ、さらに続けてもやっぱり釣れない。

結局5時間半ワームをやり続けて1尾だけ。そろそろ夕方のいい時間になるから巻こうと思って巻くと…ポンポンポンポンと、30分たらずで、でかいのが5尾も釣れました。

ここで注意ですが、巻くにしてもスローではなく早巻きです。

この時期はバイブレーションだと常に言ってますが、**もう回収スピードに近い早巻きで、理想は何かに当てること。**

ただの早巻きはスピードによるリアクションですが、魚が居そうな場所の近くにあるストラク

チャーにカン！と当たるとその瞬間に食います。

　このふたつのリアクションを使っていくのがこの時期の正しい釣り方です。

　でも、必死に巻くのがしんどいんで、文明の利器に頼って、ギア比8・5のリールを使ってラクをしています（笑）。

　この時期は、水温が下がっていくからフィネス、ではなく、水がひっくり返る天候の変化を頭に入れて巻き切ることが大事になります。

　水質は見た目では分かりにくいですが、ロッドを突っ込んでかき混ぜて**泡が消えるかどうか、普段の水の色と比べてくすんでないかどうか**などで水質を判断することもできますので、水がターンしていると分かったら、ぜひ試してみてください。

Q.39

野池

ハイプレッシャー野池での
カバーの攻め方

自分が行くフィールドは野池なのですが、かなりプレッシャーが高いです。池に着いてまず誰もが先に撃つようなカバー、どう見てもバスが着いているであろうカバーではあまり釣れた事がありません。やはり撃たれ過ぎていてバスが着いていないのか、相当スレているのかどちらでしょうか？　また、そういったカバーではどう攻めたらいいのでしょうか？　やはり人とは違う撃ち方をしなきゃなのでしょうか？

A.39

「そのカバーが魚にとってどんな役割なのかを考えてください」。

撃たれ過ぎてバスが居ない、もしくは相当スレている。これはどっちも正解だし、つまるところ、どちらの考え方もさほど気にするべきところではない。というのが回答です。

さて、あえてややこしい言い回しをしたのは、実は答えがシンプルすぎるので、そのまま書くと、手抜きだと思われるからです（笑）。

カバーとひと言でいっても、いくつかの考え方ができると思います。

魚的には、何かに怯えて身を潜めるカバー。単純に身を休めるカバー。エサを追い込むカバー。

最低限この3つのタイプがあります。

そのカバーが釣れないのは、攻め方もひとつかもしれないし、プレッシャーもひとつかもしれませんが、その前にもっと気にするべきは、こうしたカバーのタイプ。つまり、魚にとってどんなカバーなのか、です。

エサを獲る場所では釣れないはずがありません。どんなに人が撃とうが、釣れるカバーはこのタイプのカバーになります。

身を休めるカバーであれば、撃たれれば撃たれるほど、バスは安心できなくなるので、寄り付かなくなる可能性は高くなります。身を潜めるカバーであれば、そもそも怯えているはずです。

例外として、魚が季節的に太陽光を嫌って入ってくるカバーがありますが、これは季節的、ライトコンディション的な問題も出てくるので、プレッシャーだけでは片づけることはできません。

以上のように、**狙うべきカバーがどのカバーにあたるのか、それを考えることが最重要です。**

例えばこれが、エサを獲りにくるカバーであれば、先ほど言ったように釣れないはずはない。にもかかわらず釣れないのであれば、理由としてはタイミングが合っていないと考えられます。

バスがエサを獲りにきていなくて空っぽなのかもしれないし、もしくは単純にルアーが合っていない、攻め方が雑というのも考えられます。

バスが身を潜めてじっとしたいタイプのカバーであれば、攻め方とプレッシャーの両方が正解です。ただし、プレッシャーが高い時点でそのカバーの魅力は半減しますが、そのカバーがどういった地形で、どういったシチュエーションなのか。それによっても攻め方は変わってきます。

例えばインレットの近くでシャローフラットがあって、唯一のハードボトムがあるような劇的なカバーであれば、やはり釣れないわけはありません。

一等地が複合してそこにカバーがあれば、魚にとっては有利に環境になるので、そこも釣れるカバーです。

それとは逆に、似たようなカバーがたくさんあるのであれば、わざわざその1箇所にこだわる必要はありません。でも唯一のカバーであれば別ですよね。地形がちょっとくらいプアでも釣れるでしょう。

プレッシャー、攻め方は確かに気になるところですが、もっと根っこを掘れば、このようにその**カバーの役割、魚にとってどういうカバーなのかを考えることこそが、釣果に繋がります。**

それによって、粘るべきカバーなのか、何度も入りなおすべきカバーなのか、一度のチェックで運がよければ釣れる程度のカバーなのか。それを判断するには、周囲の地形も大事だし、そのフィールド全体でどんな役割になっているのかも重要です。

カバーの質を気にして見極めること。その上で、具体的な質問が出てくれば、追加で質問をいただければと思います。

Q.40

野池

ベイトの種類と
スポット選び

週に何度か行く野池があります。メインベイトはギル。そして、エビ、ゴリ（?）です。ベイトの近くにバスはいると言いますがこの池には岸際のいたるところに稚ギルが溢れています。ベイト＝近くにバスというのは分かるんですが、この場合目のつけどころが分かりません。やはり、地形絡みがいいんでしょうか？

A.40

「ベイトがいるのであれば、ベイトを食べられる地形が正解です」。

シンプルな回答としてはＤＶＤ『ＢＩＧＳＨＯＴ６』を購入してください（笑）。そこにすべての解説がなされています。

というのも、質問にあるようなギルだらけの状況で釣っています。

どこで釣ればいいの？

どうすればいいの？

ぜひ『BIGSHOT6』をご覧ください（笑）。

以上は宣伝ですが、さすがにそれだけだと悪いので（笑）、まぁ岸際は稚ギルだらけでどうするか、地形ですか？　と問われれば、間違いなくハイ、地形です。

これは池に限らず、ベイトが多いフィールドというのがあります。

これだけエサがいたらどこでも食えるよね？　と思いがちですが、いいえどこでもでは食べられません。

バスの中にはエリートがいて、エサを獲るのが上手なのもいますが、そんなのはホンのひと握りでしょう。**バスは思った以上に捕獲は下手です。**

だからこそルアーにも食いついてくれます。

バスがエサを獲る場所は、その時期のそのフィールドでほぼほぼ決まっています。

エサを獲る場所、獲れる場所。

人間でいうところの行ける場所、行きたい場所。

要はどんなに美味しい食べ物があって行きたいと思う場所でも、物理的に不可能な場所はあります。関東に住んでる人が思い立っても北海道でジンギスカンを食べることはできないのと同じです。

エサがどこにいても、エサを効率よく食べられる場所というのは限られます。

つまり、エサを追い込みやすい地形でしか食べられません。

それが分かれば、ここだけやればいいという判断もできるはずです。勝負をするならここしかないという場所です。

だからカナモリタカシは粘リストだということにも繋がります。

「やれることとやらなくていいことの判断ができる人はいい仕事ができる人」というのはまさにそれに当てはまります。

ギルがいるからといって浮かれて闇雲に撃つのは、それに時間を取られて結局釣れる地形を見逃してしまうかもしれません。

ギルが岸際に多くいたとすれば、なぜそうなのかを考えます。

質問は、おそらく水温がそれなりに高い季節のはずなので、シャローまで上がることはできる。ではなぜそこまで上がってくるのかというと、潜るとバスにやられるから。だからバスが入ってこられないような浅い位置にいる。

つまり落ちると食われるなと稚ギルなりに警戒しているということです。

では、バスが食いやすい水深にギルが落ちざるを得ない地形はどこかと考えて見つけることが正解です。

例えば、全面護岸であれば同じ様にバスが追い込みやすい場所はどこかと考えるとやっぱり角。当たり前ですが条件としてはベストです。

と言うように、**ベイトを追い込める地形が、食べられる地形、つまり正解です。**

結局いくらベイトが居ても口を使うのはそこしかありません。

ところで、途中にした関東と北海道の例えがイマイチだったので訂正します（笑）。

スーパーの中には野菜や肉、魚などの食材がたくさん並んでいますが、結局すぐに食べられるものは総菜コーナーにあるということです。

スーパーがフィールドで、食材が稚ギル。食材はそのまま食べることもできなくもないですが、手間をかけずに美味しく食べたいなら総菜コーナーに行くでしょうということ。まぁコンビニのイートインコーナーでもいいんですけどね（笑）。

Q.41

河川

スポーニングに
適した場所

カナモさん！ 教えてください！ スポーニング時期に備えて、フィールドのどこでスポーニングが行われるのかを考えながら歩いてます。野池は見渡せばなんとなく分かるんですが、河川に関しては規模が大きくなかなか想像が付きません。どのように考えていけば、スポーニングが行なわれる場所を絞り込めるのでしょうか？ 今年の春は河川でビッグママというヤツを釣ってみたいです！

A.41

「季節感を理解できれば、自然と場所は分かるはずです」。

野池でスポーニングの場所が分かっているのであれば、河川やリザーバーでも基本的には同じです。

まずは回答としてはコレ。

野池を拡大して考えていけばいいだけのことです。

特に野池の拡大版ともいえるリザーバーは、急進のブレイクの下ではスポーンするのはまれですから、どこから魚がさしてきて、どこに入ってというも見えやすい。

ここで大事なのは、スポーニングエリアってこういう場所だと分かっていても、季節感が分からないと春は追えないということ。季節感を理解していないとリアルタイムに釣っていけない。それが春です。

春は一日して成らず、一週間で変わる。

これが個人的な春の考えです。いきなり一日では来ないけど、一週間も放っておけば、来ている、あるいはもう終わってる可能性すらある。週単位で大きく変わります。

三寒四温で一週間なので、それによって季節が進行します。

だから、春に釣れる人は、冬からしっかり現場に出て、季節感をつかめている人です。

ビッグママを河川やリザーバーなどの大規模なフィールドで獲りたいのであれば、まずは冬から現場に出ておきましょう。

逆に言えば、冬に魚の居場所がつかめていれば、春の居場所はその延長線上にあって、冬から春に目指すルートが見えてくる。それは一般的にいう、冬にバスがいるディープに隣接するシャロー。それでおおむね間違いはありません。

さらに春のシャローの基本中の基本のキーワードとしては、ボトムマテリアルが硬いこと。基本的に泥底ではスポーニングは行いません。

例えばリップラップ、護岸、消波ブロック、あるいは砂地などのスポーニングに適したボトム環境で、隣接するディープがあればまずは間違いない。

では具体的に、大規模なフィールドで越冬場から入ってきやすいスポーニング場をどう絞り込めばいいのか。

そのフィールドの一番大きな張り出しを見つけること。

河川であれば、まずは冬にバスがいるのは、ほぼほぼ下流エリアです。堰の有無でも変わりますが、堰があれば、その堰をエリアの最下流と考えて、そこからみて、ディープに隣接する最も大きな張り出しで、硬いボトムを探せばいいだけ。

その作業は野池のそれとなんら変わりありません。

春が最も早く始まるのは、一番大きな張り出しのディープ隣接型のポイント。

張り出しは文字通りの意味で、分かりやすいのはリザーバーでは岬、川であれば水中に伸びているリップラップの延長線上や、沖まで沈んでいるテトラの延長線上など。そう捉えれば、大きく外すことはないでしょう。

場所は分かった。では、タイミングの目安としては、水温16度。

14〜16度にさしかかると、バスはオスもメスもスポーニングを意識した行動をとりだします。いわゆる大きな張り出しにさしてくる。そして16度を超えると、水温上昇に従って、どんどんシャローに入ってくる。それがタイミングです。

場所もタイミングも分かった。それでは狙い方。

ビッグママを釣りたければボトムは狙うな。

ボトムを狙いすぎると、どうしてもオスの可能性が高くなります。つまり、ビッグママは基本的に浮いています。

どこに浮くかというと、サーモクラインかその少し上になります。

さらにそこを攻められるルアーは?となると、もう質問外の感じなのと、それを探すのが面白いところでもあるので、この春にしっかりと釣ってみて試してみて、それでも分かれなければ、また質問をください。

まとめます。『春は一日にして成らず、一週間で変わる』であるならば、チャンスを逃さないように、足しげくフィールドに通うのが大事。やはりKeep it 現場です(笑)。

Q.42

河川

消波ブロックの攻め方

金森さんこんにちは。今年の冬の課題をメタルorヘビダンでの消波ブロック攻略と設定し、日々釣りをしています。そこで、ひとつ質問なのですが、金森さんが消波ブロックの穴撃ちで何回シャクったら次の穴へとアプローチしますか？　回数はケースバイケースだとは思いますが、朝、夕のフィーディングタイムで効率良くアプローチしたいので、目安で構わないので教えていただければと思います。

A.42

「マッチルアーを使えば、限りなく無駄は省けます」。

消波ブロックは冬の風物詩的かつ定番スポットですよね。

その穴撃ちをどう捉えてどうやるかも重要なんですが、その穴の中に居る魚にいかに口を使わせるかということは、冬の考え方としてはあまり適切ではありません。

そこでこの質問の趣旨が、朝夕いかに効率よく釣るかにあるとすると、こんな回答になります。

まずはルアーチョイス。

最近の僕のトレンドとしては、冬はリアクションだから釣れるのではなく、効率が良い釣りだから釣れるになります。そうなると大事なのは、**いかに短い時間で数多くの穴に入れられるか。**

そこでメタル系のルアーとなると、根掛かる確率が高い。冬のド定番ルアーですが、穴撃ちではやや難度が高いとも言えます。

確かにキラッと光ると、なんか釣れそうとなるし、それは間違いではありませんが、朝夕の短い時間できっちりと撃つのであれば、ここはヘビダンに絞りましょう。

ただし、ヘビダンにすることのリスクがひとつ。

ブロックとブロックの間に浮いている魚は釣りにくくなります。

フォールスピードが速いからですね。

テンポもいいし落ちる感覚も手に伝わりやすいんですが、よっぽど活性が高くないと浮いた魚が食うことはまれです。なので、ボトム付近まで素早く落とし、食い気の上がったバスをモグラ叩きのように撃っていくイメージです。

ではそこで何回動かすかですが、一回で十分です。

一回叩いて当たるか外れるか。無駄な行為を省くことが効率を上げるための条件です。

と、ここで余談ですが、仕事ができる人というのは、やらなくていいことをやらない人だと思います。

そうなると消波ブロックでやらなくていいこと、やるべきことをしっかり判別できることが重要。

なので、やらなくていいことを決めましょう。

そうするとヘビダンの展開では一回で十分ということです。

ただしこれは冬ということで、季節が変わるとルアーも変わりますし、もちろん攻め方や回数も変わってきます。

ちなみにルアーは、個人的にこの冬にヘビダンで多用しているのはファットウィップの3インチ。オフセットフックでリーダーは30センチ程度。ヘンにテールやパーツがピラピラと動くルアーよりも塊でブロックの間をぬって落ちていくほうがドンコのようなベイトに近いと思います。

それを着底後にポンと弾くとノーシンカー状態でフラ〜っと落ちていく。

操作感もあるのでなにをやっているか分かりやすく、ラインも12ポンドを使えるのでブレイクの心配もほぼありません。仕事のできるルアーです（笑）。

ちょっとひと息

アングラーが語るカナモリタカシ

青木大介

「立ち位置が僕とは違いますけど、釣りへの向き合い方とかリスペクトしてますね」。

あおき・だいすけ
自他ともに認める現役最強バスプロ。オカッパリでもその実力をいかんなく発揮し、陸王でもしのぎを削り合う。2019年からはアメリカ・バスマスターオープンに参戦。

そうですね、いい先輩って感じですよ（笑）。

最初に意識したっていうのは、エグシュン（江口俊介さん）と陸王でやって、エグシュンがボロ負けして、そういえばそんな釣り人いたなって（笑）。うまいんだなと。それで、俺もやりたいとは思いましたね。

初めて会ったのはワンバイトワンフィッシュのカズさん（鵜山和洋さん）の飲み会かなんかで、その時は陸王の話をしたのかな。それで岡山に行って家に泊まったりとか。ええ、エグシュンとです。もうセットみたいなもんなんで（笑）。

釣りに関しては、立ち位置が違いますけど、向き合い方とかリスペクトしてますね。すごいのは、メディア向きに巻き物とかのイメージでやってますけど、実はなんでも器用にこなすところかな。トーナメンターとオカッパリで土台が違うんでなんとも言えないですけど、好き嫌いなく何でも勉強して吸収してって意味では似てるのかもしれませんね。

いわゆる仲間でありライバルでもあるんですけど、(対戦相手としては)個人的には苦手です(笑)。なんかやりにくい。器用なんで。とは言っても、釣り的にかなわない部分は…ないですね(笑)。
それと、いろんなところで僕の物真似をしてるみたいなんですけど、それは大歓迎です。バンバンやってください(笑)。似てるかどうかは分かりませんけど。似てるんですかね?(笑)

Q.43

河川

濁りと増水時の
対処法

6月28日に釣りに行ってきたのですが、朝イチ番、魚っ気が満載でこれはいただき！　と思ったのに何もなく、日が昇った後はすっかり真夏日になり、手も足も出ず結局ノーフィッシュ。この時期の前日の雨、当日のピーカンの対処法を教えてください!!　ちなみにフィールドは中規模河川。濁流になっていたので、クリアな水が注ぐインレットや水門を回っていけば、むしろラクショーでしょ！　と思っていたんですが…。

Q.44

僕は大分県の中規模の川でバス釣りをしているレイドジャパンファンです。この時期はどうしても濁りと増水してしまい釣りにくい時期になってきたんですけど、それをカバーできる釣りを教えてください！

A.43-44 「季節と天候の移り変わりにマッチした場所とルアーを選んでください」。

これは梅雨が明けるまでの間、もっと細かく言えば、水温が26度以上で安定するサマーパターンまでの期間ではよくあることです。

雨が降ることによって、釣り人のイメージとしては、『雨が降る↓インレットの水が動く↓魚が入ってくる↓入れパクで大チャ～ンス！』と連想しがちですが、**梅雨の時期は基本的にその確率は低いです。**

それが唯一合致するとすれば、水がアオコ状態で、要は真夏でもないのにすでにゆで上がってる浅い野池、水の動きが鈍いフィールド。これらではまれにビンゴ！となりますが、基本的にこの時期に雨がプラスに働くことは少ないです。

それはなぜか？

前日に降った雨の量が多過ぎるとマイナス要素です。

それともうひとつは雨の質。冷たい雨です。

今の時期の雨は基本的に外気よりも冷たいことが多いですが、それが何をもたらすかといえば、表水温を著しく落としてしまいます。

アフターから回復に入るタイミングでは、表水温が重要になります。

その表水温を落とされる、そしてその後濁りが入り、濁りと冷たい水が周囲にいき渡る。

バスの活性は劇的に落ちます。

濁りで視界が効かなくなり、水温が下がることによる二重苦。

そうなると質問にもあるような残念なことが現実になりやすいでしょう。

そこで解決策ですが、質問にあるような攻め方、クリアな水が注ぐインレットや水門を狙うのは正解です。

ただしこれは水温26度以上のサマーパターンにおける正解です。

だからこそ、雨が降ったからといって浮かれてはいけません。

むしろ、入ってくる水は冷たいんじゃないの？　と考えましょう。

そうなると、入ってくるよりもむしろ入ってくる水をブロックできるスポットが正解なのは理解できますよね。

水が回る張り出しの裏、バスが身を寄せやすくてブロックできる岩の裏のヨレ、もしくは消波ブロックの中などの流れを避けられて身を寄せられる場所。

行くフィールドにもよりますが、全体的にざっくりと考えると季節的にはシャローになります。

そんなシャローのスポットを攻める。

これが梅雨の時期の雨が降りすぎた場合の対処法になります。

翌日の天気は晴れでも雨でも曇りでも考え方は一緒です。

ただし翌日が晴れなのは、質問ではマイナスに捉えているようですが、これはプラスです。

というのも表水温を上げてくれるからで、冷たくなった表水温を温めてくれるので、**午前よりも午後、午後よりも夕方と、晴れるほど活性は徐々に上がってきます。**

その時の傾向としては、水温が上がるにつれて魚が身を寄せている場所でも若干浮く可能性がでてきます。

なので夕方はそうしたシャローの条件を満たす場所ではトップウォーター。濁りが入っているのもひとつの理由ですが、だからこそのトップ。

となれば何を投げるか。

インパクト系ですね。レイドジャパンではダッジなどのハネモノ、もしくはビッグバドなどの動きが鈍くてアピールが強い、シルエットが強くしっかり出せるトップウォータープラグはひとつの手でしょう。

基本的な攻め方の流れとしては、まずは濁った時の定番、ストラクチャーにタイトにルアーを入れる。

あるいは晴れてコンディションがよくなってきたと思えば、インパクト系のトップを同じラインに何度も通してみる。

これがもっともハズしの少ない対処法だと思います。

何度も言うようですが、まずは、梅雨の降り過ぎる雨は、基本的にはあまりよくないよということをしっかり理解した上で攻めてみてください。

Q.45

河川

リアルベイトに勝つルアー

良く行くフィールドは河川なんですが、この時期ベイトフィッシュが豊富で、なかなかルアーに口を使わせるのが難しい状況が多々あります。そこで、そういった状況で口を使わせやすい、もしくはだましやすいテク（ルアー）などがあったら教えてください。ちなみにわたくしはリアクションが有効かと考えています。

A.45

「直球はリアクション。変化球はリアクションとは真逆の釣り」

ハイ、ほぼ正解です（笑）。ベイトフィッシュが多くてバスがベイトばっかり見ているケースでは、おっしゃる通り、リアクションがベスト。

僕もよくやるのが、春先のワカサギが絡むフィールド、リザーバーだったりマッディシャローだったりでは、シャッドの早巻き。

レベルシャッドの早巻きです。

スピードで変化を付ける。

ベイトフィッシュフォルムでスピード感の出るワームのダウンショットを、少し重めにして跳ねさせるリアクションもありですね。でもこれはサイトのケースで、**ブラインドはシャッド、サイトはダウンショットで仕掛けるのが基本になります。**

あとはカラーを変えることも効果的です。

ベイトフィッシュが多いからベイトフィッシュカラーが正解かというとそうではなく、あえて違和感を与える。

特にリアクションの場合には、ピンクやチャート系のシャッドをよく使っていますが、ストライク率が違う気がします。

もちろん基本を押さえた上での変化球もあります。

ベイトフィッシュが多ければ当然サイズやフォルムはベイトフィッシュに近い方がいいんですが、時にそこに存在するベイトフィッシュよりも極端に大きいサイズのルアーを選ぶのも有効です。

特に早春、晩秋のふたつの時期。

ただし晩春になるとナーバスになるので反応は鈍くなります。ちなみに早い秋も夏バテをまだ引きずっているので、例外はありますが、ルアーを大きくするのもひとつの手です。

あとはリアクションとは真逆のスローな釣り。

ノーシンカーや水面に浮かせる釣りですね。バスの好奇心の強さを利用した水面に浮かせる虫系の釣りは、ベイトフィッシュに集中して、普段は虫なんか食べていなくても、浮いてたらなんか気になっちゃうという感覚です。

沈んだら見切って食わないけど、浮いてたら食べてしまう。

これがバス釣りの面白いところですね。

以上のように、リアクションは正解ですが、それ以外にも食わせる方法はあります。ただ…本当のことを言っていいですか？

がっかりすると思いますが（苦笑）、**実はすべては、「時合い」です。**

いろんなフィールドで釣りをさせてもらってますが、なんだかんだ言ってもベイトフィッシュを捕食するのは時合いに左右されるので、仕掛け方を研究するのも重要ですが、そのフィールドで、バスがどの時間帯、ライトコンディションでベイトフィッシュを追い始めるかということに着目した方が、釣果は絶対に伸びます。

逆にベイトフィッシュが少ないプアなフィールドほど時合いは関係なく、常にエサを欲しています。

以上、あくまで親切心として付け加えました。

手段も知ってることももちろん重要ですが、それよりも時合いを研究した方が釣果には直結するんじゃないかなというのがリアルな回答でした。

Q.46

リザーバー

バックウォーターの
有効期限

『JUKEBOX』で学び、リザーバーのバックウォーターで良い釣りができました!! ありがとうございます!! そこで質問です。バックウォーターの釣りはだいたいどれくらいの時期まで有効なのでしょうか? バックウォーターから魚が消えてしまった場合、次の手段としてどんなパターンがあるのでしょうか? よろしくお願いします。

A.46

「期限はベイトフィッシュの有無。消えたら近くを探しましょう」。

ズバリ、そんなロケを経験しました。なのでまずは時期について。

これは要素によって変わります。

そのひとつがベイト。

例えばアユがメインベイトのバックウォーターは、比較的早めに消えてしまいます。性質上アユは落ちる（下流に戻る）のがその理由。

もちろん残るバスもいますが、密度は当然薄くなっています。

ボーダーラインとしては10月ですが、その分この10月はアユがメインベイトのバックウォーターはハンパなく爆発します。オイカワもアユと同じです。

そして別枠なのがワカサギ。こいつの場合は比較的長くなります。釣れるときには12月くらいまでは引っ張れるでしょう。

というように、ベイトによって変わるというのがひとつ。

もうひとつはキャパシティ。

もちろん浅くて狭いバックウォーターであれば、水温もぐんぐん下がっていくので、10月いっぱいでキツいでしょう。逆に幅も水深もあるよとなれば、基本的には長くなります。

ひと言でバックウォーターの有効期限といっても違います。おおむね、ざっくり、ひらたく、平均では（笑）10月いっぱい。

ベイトと規模と、自分の行くバックウォーターの要素を検証してください。

では、魚が消えてしまったときの対処法について。

いわゆる秋のリザーバーのバックウォーターからバスが「消える」とは言いますが、実はそこまできれいさっぱり消えるのかというと、そういうわけではありません。

ではどこにいるのか。

平均値としての10月一杯から11月頭のタイミングであれば、バックウォーターから一番近い深みに溜まります。

これは秋のバックウォーターのド定番です。

例えばバックウォーターの水深が1〜2メートルで続いていたのが、水深5メートル位にスコンと落ちる。

そこにベイトが溜まればバスもそこにいます。

つまりは、ベイトが消えればバスも消える。

居場所は消えてから短期間であればあるほど近くの深場で、オカッパリから狙えるのであれば、そこを攻めるのが対処法になります。ただし、リザーバーの場合、切り立った斜面が多く危険なので、無理をしないこと。無理をせずにいけるのであれば追ってみましょう。

では具体的にはどうするか？

そうした落ち込みのフラット。とは言え魚探の使えないオカッパリでフラットを見つけるのは大変なのも事実なので、そういう時はマメに釣りにいけば、渇水のタイミングがあるはず。そのときに地形を覚えておきましょう。

ちなみに最初に言ったロケでは、その大渇水のタイミングにやることができていてそれが功を奏しました。

そうした場所を、特にベイトフィッシュが細身であれば、キャロライナリグや深く潜るクランク、ディープダイバーのミノーなど、深場を攻められる巻き物を入れれば、連発する可能性はあるはずです。

魚は消えても水中からいなくなるわけではないので、以上のことを頭に入れて、諦めずに攻めることが重要です。

Q.47

リザーバー

バックウォーターでの
ドリフトについて

今年からダムのバックウォーターに挑戦しています！ 上手い人はサイトで釣果をあげてるんですが、僕はサイトが上手くないので、高比重ワームのドリフトで何とか釣果を出せています！ 今後さらに釣果をあげていくために、ドリフトの釣りでキャストやラインメンディングで気を付ける事とかありますか？ 何とかサイト組に勝ちたいです!! よろしくお願いいたします！

A.47

「ラインの存在を消す流し方。ただし、対立よりも両立がおすすめです（笑）」。

めちゃめちゃ共感できますね。ただ、申し訳ないことに僕はどちらかと言えばいわゆるサイト組の人間です（笑）。でも気持ちは分かります。

なぜかと言うとちょっと今、自分の中でサイトフィッシングの限界を感じ始めているからです。

全国のフィールドを釣り歩いてみると、サイトをやっている人、しかもかなりのレベルの釣り人がここ数年でかなり多くなってきました。サイトのアプローチはいまや当然のテクニックになっています。

結果、魚がものすごく怯えています。

自分自身サイトは好きだし、得意なジャンルの釣りですが、それでも年々、思わず頭をポリポリする頻度が増えてます（笑）。

困ったなぁと。

もちろん状況に合わせてサイトとドリフトを使い分けられれば最強ですよね。

なので僕はその両刀使いになるべく、最近はドリフトの習得に注力していました。

そんななかで気付いたことですが、**サイトとドリフトとの決定的な違いはラインの存在感の消し方です。**

サイトではなかなか消すのが難しい。とはいえサイトであれば、水上の草なんかに引っかける誘い方もありますが、今はそれでもスプークします。

水面でルアーがピチャピチャやっていること自体が嫌われる。それくらい対サイトのレベルが高い。

実際、目で見て落とせない魚の居場所を確認してから、見えない位置までわざわざ移動して、ドリフトで送り込むとようやく釣れるということが多々ありました。

そんなこんなで僕の中でもドリフトの重要性が高まってきたことがあったので、この質問にはすごく共感できました。

そこで、僕のようなサイト組からの転入生でもハッキリと言えるのが、ドリフト組がサイト組に打ち勝つことはできるということ。

もちろんケース・バイ・ケースですが、いついかなる時でも絶対的にサイトが優勢ということはありません。

アフターから夏まではサイトでも落とせますが、夏以降、プレッシャーがMAXに振り切った魚にはドリフトのほうが強かったりします。

確かに質問にもあるように、キャストとラインメンディングは基本中の基本です。

ただ、極論キャストは少々ミスってしまっても、流し方が上手であればフォローは可能です。

つまり、最も大事になるのは流し方になります。

普通に考えれば、細いラインで軽いルアーを流した方がよりナチュラルで、バスに違和感を与えず口を使ってくれるはずです。

ラインが太いとルアーよりもラインが先に押されてしまってうまくルアーが転がらず、何をやっているかが分からなくなる。

特にオカッパリのように立ち位置に自由度がない場合にはとてもやりにくくなります。

とはいえ、いきなり細いラインで軽いルアーを使うのは正直難度が高い。

そうなると質問にある高比重系ワームは正解です。

もっともドリフトさせやすいのは、ある程度ウエイトのある高比重系ワームでラインを細めに設定すること。

これで流れにラインを持っていかれることは少なくなります。

ドリフトの基本的な考え方の入り口はここです。

具体的にはレイドジャパンのアイテムであればバギークロー。

普段16ポンドを巻いているのであれば、14ポンドや12ポンドなど、**少しでも細いラインにすることが重要です。**

この時には、ロッドも普段がＭＨであれば、Ｍにパワーを落とすなど、タックルバランスも考慮してください。これがファーストステップです。

次のステップは、流れをうまく利用するために、流心、いわゆる太く強く流れるボディウォーターとそこから分かれる流れ、僕はサブカレントと呼んでますが、弱い流れの切り替わり、そして水が巻いている反転流を目で見てすぐに判断できるようになることです。

この三つの流れのバランスをしっかり確認して理解できれば、自分がどこに流したいか、そのためにどの流れを使えばいいか、さらに自分が使っているタックル、ルアーの強弱を総合的に考えて判断できないと、送り込んで食わせる、ドリフトの釣りは成立しません。

やりやすいタックルセッティングは、思ったように流すための軸になる力です。

そして、この時に大事になるのは、流す方向、上流に投げて流すか、下流に投げて流すかです。

結論から言えば、**腕に自信があれば下流に向けて流しましょう。**

下流に流すとラインもルアーも流されるのでブレーキはかかりくい。ラインスラックで上手にコントロールする必要はありますが、下手をすると常に過剰にラインにテンションがかかってしまう。

すると当然、魚に見切られやすくなる。

でも流しっぱなしだとコントロールできないから何をやっているかわかりにくい。張らず緩めずのテンションでコントロールできるようになれば釣果も伴うでしょう。

なので自信がなければ、まずは上流に投げて練習して、分かってきたら下流に投げるようにしてください。

ちょっと長くなりましたが、まずは以上のふたつができるようになれば、確実にドリフトの技術は上がっていくと思います。

なので、このベースができるようになった時にまた質問をいただければ、もうひとつ先のアプローチもありますので、ぜひどうぞ。ドリフトも奥が深いです（笑）。

Q.48

リザーバー

バックウォーターの有効期限

今まで冬バスを釣ったことがありません。どうしても冬バスを釣りたいので、釣り方を教えてください。自分が行くフィールドはリザーバーのオープンウォーターです。色々試していますが釣れません。何かヒントでもあれば、教えてください。

A.48

「フラットボトムか岩盤に注目してください」。

まず、リザーバーの名前も特徴も分からないので正直答えにくいんですが、あくまで想像での回答になることはご了承ください。

まずは冬のリザーバーの釣りのメリットとデメリットをはっきりさせましょう。

リザーバー、さらにオープンウォーターのメリットとしては、水深がある。これが最大のメリットですね。

それがなんのメリットかといえば、**水温が他のフィールドに比べても落ちにくいということ。**野池がたとえば水温3度で「こりゃさすがに厳しいなぁ」となっても、リザーバーであればどんなに低くても、まぁ地域によりますが、6〜7度はキープしてくれている。

これが最大のメリットです。

逆にデメリットは何か。

これはもう見たまんまですが、広すぎて深すぎる。

メリットとは表裏一体で、広くて深いから何をやっているかわからない。つまり的が絞りにくい。

だから的確なことが繰り返せません。

当然魚は活発ではない、でも広すぎる、どうすればいい？という負のループですね。

ではどうするべきか。

どんな場所に魚が集まりやすいかを考えましょう。

的を絞る上ではこれが重要です。特に、的を決めないとオカッパリではどうにもなりません。

ここで注目すべきスポットは、ざっくり言うと…バックウォーターであれば話は別ですが、**オープンウォーターであればフラットボトムか岩盤です。**

ただし、このふたつは居る魚の種類がそれぞれ異なります。

フラットはベイト畑、バス畑です。それこそ野菜がなるようにフラットのボトムには魚が固まっています。

リザーバーは基本切り立っているんで、そこでのフラットは**スペシャルな地形**になり魚が集まりやすい。見つけられさえすれば、魚が集まっているのでしつこく投げていると**ポロポロと釣れます。**ルアーとしてはキャロ。リーダーは長めで１メートル以上。ウエイトは４分の３オンスぐらいで、ブン投げてボトムに沈めたらズル引き。

これに関しては越冬なので、動かし方は関係ありません。粘り強く繰り返し引いてくれば釣れるんですが、クオリティは高くない。でも安定して釣れる可能性がある。

これが冬のリザーバーのフラットです。

岩盤は真逆です。

動ける魚が浮いたり沈んだり、一日の中でも何かのタイミングで浮き沈みをしています。タイミングもアプローチも問われる、決して狙いやすい魚ではないですが、出ればコンディションがよくて**でかバスの確率も高い。**

例えば朝マズメ、ローライトで浮いている可能性がある。あるいは風が強くてその岩盤に風と波がバチャバチャと当たっていれば、ひょっとしたら浮いているかもしれない。

要はタイミングですが、浮いているのであれば、テールがピロピロと動くようなワームを縦に落とすのもありだし、スイムベイトで一定レンジを横に引いてくるのもありでしょう。そうすることで一発クオリティの高い魚が獲れることもあるはずです。

このように、フラットと岩盤で釣り分けつつ狙っていくのが、冬のリザーバーでは鉄則ですが、
まずはとにかく的を絞りましょう。

Q.49

水質

マッディとクリアの違い

フィールドの水質の条件として、大まかにクリアウォーターとマッディウォーターのふたつがあるかと思いますが、それぞれの基本的な攻め方や攻めるうえでの注意点などがありましたらぜひ教えてください。

A.49

「視界の違いを理解する。見えないほうが変化には強い」。

これに関しては、深く答え出すとキリがないロングラン回答になるはずなので（笑）、入門的なところでいきましょう。

まずは水質によってバスの行動パターンが異なります。

厳密には水質とベイトによりますが、今回は水質だけで答えますので多少のズレはお許しを。

マッディウォーターではストラクチャー固執型になりやすいです。視野が効かないので障害物にタイトになり、そこでベイトを食べることが習慣付いています。

クリアウォーターはその逆で、視覚によって行動します。ベイトが通りかかれば追いかけて食べる。

ストラクチャーに固執するマッディ、そこまで固執しないクリア。

ということで、ルアーを使う時のアプローチも変わります。

ストラクチャーをダイレクトにタッチすることに意味があるマッディ、さほど意味はないクリア。

この時点で大きくふたつに分けられます。

それ以外にも、**クリアウォーターは比較的回遊型になりやすいです。**季節や天気にもよりますので絶対ではありませんが、往々にして泳ぎやすく、スクール（集団）で動く習性も強くなる。

なので、釣り方がマッチすれば連発の可能性も高くなります。

対してマッディでは、スクールよりも単体で単体のストラクチャーを保有したがります。

そうなると、釣れた条件に近いキーワードを選んでいけば、ある程度の数を釣ることも期待できるでしょう。

さらに天気。

よくローライトは巻き物が効くと言われますが、これはクリアウォーターで当てはまりやすいことです。クリアというだけあって透明度が高いので、晴れると太陽光がダイレクトに水中に入ります。まぶたのない魚からすると、直射日光はまぶしいはず。なので晴れると回遊性が高いとはいえ、シェードに入りたがる。

あるいは太陽光が届きにくいレンジまで落ちたがる傾向があります。

ローライトになればまぶしくなく、動きの自由度が増すので、広範囲をサーチできる巻き物が効果的になるというわけです。

そうなるとハイライトかローライトで攻め方がおのずと決まってきますよね。

そんなクリアウォーターで雨が降って濁りが入るとどうなるか。

視界が効かなくなるのでストラクチャーに依存、もしくは岸際に寄ります。ベイトも同じ状態なので、一気に捕食モードに入りやすくなります。

濁りが入ったら通常のクリアウォーターでは使いにくい強いルアー、クランクベイトやバズベイトが爆発することがあるので覚えておいてください。

ではマッディウォーターではどうなるか。

晴れても太陽光は水中に届きにくいので、巻き物でも十分攻めることができます。同じように、ローライトでもそもそも濁っているので魚の動きに影響することはほぼほぼありません。

それよりもマッディで重要になるのは風です。

風が吹いて水が動いて活性が上がるとなれば、撃つのではなく巻いてみる。

天気の良し悪しよりも風や流れで撃つか巻くかを判断するべきフィールドです。

では雨はどうか？

もともと濁っているのでクリアほどプラスに働くことはありません。ただ経験上、濁り過ぎた場合は口を使いにくくなる傾向が強いかなと思うので、よりタイトに攻めるべき。

できれば軽めにしてフワっと動かすなどの工夫が必要になることがあるので注意しましょう。

というように、動きの違い。そして単純に真逆ではないですが、変化に影響を受けやすいクリア、受けにくいマッディと捉えることが、水質による違いの入門編になると思います。

Q.50

水門

見分け方と釣り方

自分はカスミ水系でよく釣りをしているのですが、水門が苦手です。けっこう色々な場所の水門を釣っているのですが、釣果は…（涙）。良い水門とダメな水門の見分け方とか、あったりするのでしょうか？

A.50

「ベイトがいて流れがある水門。まずはここから選びましょう」。

なるほど〜。でも、これ系の質問は僕ではなく、川村光太郎さんに送るのがベターかと（笑）。

と、この一文が言いたかったから選んだ質問とも言えますね（笑）。

まぁまぁとは言え、天下の光太郎さんほどではありませんが、僕もカスミ水系は好きで毎年必ず足を運んでいるフィールドのひとつですので、できる限り全力で答えます。

やはりカスミ水系では、絶対に水門の攻略は外せません。

とはいえ僕は、徹底的にやり込んでいる水門マニアではありません。

でも逆に、マニアではない僕ですら、水門を見分けて釣っている事実もあります。

それはなぜかというと理由はみっつ。以下に挙げる要素を満たしていれば、釣れる水門になります。

ひとつは **〝ベイトが寄ること〟**。

結果、その背景には何があるかというともうひとつ、**〝流れ（カレント）があること〟**。

このふたつにひとつだけ小さいオプションを付け足すとすれば、流れが発生する水門と同じことになりますが、**〝シェードがあること〟**。

流れがあるということは、大小構わず水路、あるいは機場からダイレクトに繋がっているということ。どちらも水は動いていて、さらに水路や機場までにトンネルがある。

つまりシェードが濃い。

なので、ベイトが集まりバスも集まるということです。

真冬は別ですが、レギュラーシーズンではこうした要素を満たしている水門は、経験上かなりストロングになります。

細かく分類していくとどこまでもいけるので、このシンプルな条件で水門を見ていけば、二重丸、三重丸ではなくても、大まかに○か×には振り分けることができると思います。

これはカスミ水系に限らず、一般的な水門の見分け方になるでしょう。

時にイレギュラーで、水が動かないしシェードもないけどバスが寄っている水門もあるにはありますが、そこには別のスペシャルな要素があるはずです。

それはまぁ置いといて、ざっくり撃っていくとなれば、この判別法で十分だと思います。

そして次は何を入れていくか。

これはもちろん水門に限りませんが、季節にあったリグ、ルアーを入れないと答えは出ません。

例えば夏に向けてであれば、水門の中のシェードにはダッジなどのトップウォーターを入れたいですよね。

それで反応がなければフィネス。

ノーシンカーワッキーを入れてドリフトさせるとか。

基本的には夏型の釣りにはなりますが、そんな風にして季節に合ったルアーやリグを入れ込むことを考えてください。

ちなみに全部教えてしまうと、単なる確認作業になってしまうので、ここからは自分で考えてください。

というように、いままで釣れなさそうだなと思った景色も、キーワードさえ絞れれば、あそこもここも釣れそうじゃん！　というように、見違えるように開けてくると思います。

水門が苦手ということですが、苦手こそ発展の宝庫。

ということで、シンプルにキーワードを絞って今年の夏は水門を攻めてみてください。きっとスキルアップに繋がると思います。

特別
Q&A
3

【ルアーマガジン編集部員がカナモに質問】

Q

陸王立ち上げの2008年から毎年参戦されていますが、金森さんの陸王に対する思いや、対戦アングラーに対する気持ちなども語ってもらえればと思います。

A

「陸王に出なければ今の自分はない、とは感じますね」。

僕の今を形成していくれている企画と言っても大げさではないですね。

それまでは単純に有名無名、地方規模云々を問わず、オカッパリができるフィールドでとにかく人よりもでかいバスを1尾釣るというスタンスでやっていました。

でも陸王に出させてもらったことによって、そういう遊び方もあるけど、もっと自分のステージを上げる、こういう世界観があるんだと教えてもらいました。

初めて出た時から、自分では急激な成長ができたと思っています。

どんな状況でも5尾獲る、と考えた時に、得意な釣りとか好きな釣りだけじゃどうにもならないんですよね。獲るためのスキル、引き出し、状況判断。トータルのポテンシャルが求められて、しかも相手がいて、メジャーフィールドでと。

そういう釣りがあることを教えてもらいました。

でもだからと言って1尾でかいのを獲りたいという気持ちがなくなったわけではなく、狙う釣りと獲る釣りがちょうどいい感じのバランスになっているのかなと思います。

そういう意味でも陸王に出ていなければ今の自分はないというと大げさですが、今の自分とは別だろうなと

いう気はします。レイドジャパンのアイテムも変わっているでしょうね。今の僕の釣りのモチベーションのど真ん中にある企画です。

対戦相手に関しては…少年漫画ですね（笑）。しかもケンカ系（笑）。

闘ってみて始めて相手のことが分かるというか、すごさが理解できるというか。

それで回数を重ねるごとにリスペクトが強くなります。あの時のあの人ってこういう感じでこう考えて動いてたんだ！とか分かったりして。

安っぽい表現ですけど、やっぱりライバルですね。

同じオカッパリがメインステージの川村光大郎さん。陸王前から意識はしてましたが、闘ったことで決定的になりました（笑）。

今まで交わることがなかった青木大介。カテゴリーは違いますけど本気でぶつかり合える相手です。

陸王がなければまみえることすらなかったであろうキムケン。この三人とずっとバチバチやるんだろうなと思っていたら伊藤巧が出てきたり（苦笑）。

そんなライバル関係ができたのも陸王のおかげです。

まぁ、確実に僕の人生のラスト、走馬灯に陸王のようすが映ると思います（笑）。

ルアマガブックス 001
ミスター陸王・カナモの必釣アドバイス!!
金森隆志の岸釣りQ&A 50

発行日　2019年2月1日　第1刷

著　者　　金森隆志
発行者　　清田名人
発行所　　株式会社 内外出版社
〒110-8578　東京都台東区東上野 2-1-11
電話　03-5830-0368（販売部）
印刷・製本　中央精版印刷株式会社

ISBN 978-4-86257-447-3